William Richard Morfill

A Grammar of the Russian Language

William Richard Morfill

A Grammar of the Russian Language

ISBN/EAN: 9783337299453

Printed in Europe, USA, Canada, Australia, Japan

Cover: Foto ©Andreas Hilbeck / pixelio.de

More available books at **www.hansebooks.com**

A GRAMMAR

OF THE

RUSSIAN LANGUAGE

BY

W. R. MORFILL, M.A.
ORIEL COLLEGE

Oxford
AT THE CLARENDON PRESS
1889

[*All rights reserved*]

PREFACE.

A FEW words are necessary by way of preface to the present volume. My object has been to give a concise and clear analysis of the word-forms and syntax of the Russian language. In the paradigms of the nouns and verbs I have chiefly followed the arrangement of Miklosich (Vergleichende Grammatik der Slavischen Sprachen, second edition, Vienna, 1879). I have treated the grammatical forms in such a way as to shew their relation to the Old Slavonic[1], known to us by the monuments of its literature which have been preserved. It is only in this way that they can be explained.

I have allowed myself occasional references to other Indo-European languages for purposes of illustration. Great pains have been taken with the 'aspects' of the verbs, perhaps the most interesting feature in the Slavonic forms, and it is hoped that they are made as clear as is possible in a rudimentary work of the present kind.

The prepositions, both in and out of composition, which in Russian—and, indeed, in all the Slavonic languages—exhibit a luxuriance of development, reminding us of ancient Greek, have also been carefully treated. I have used for illustration a series of extracts from modern Russian authors.

---

[1] See remarks in the preface to my Serbian Grammar (Trübner, 1887).

The reading lessons contain passages from various writers; Pushkin, Lermontov, and Gogol, as might be expected, preponderating. From the last I have selected the charming sketch of the old-fashioned country-house, the powerful picture of the miser, and, as a help to colloquial Russian, a scene from the celebrated comedy, 'Revizor.'

I have been able to condense my little book by the omission of superfluous details and explanations of grammatical terms, with which any scholar may be supposed to be acquainted. Thus, for example, I have not discussed the meaning of an active or passive verb, or of an adverb and preposition. Whoever begins the study of Russian grammar will probably be acquainted with these expressions beforehand. It is a scientific treatment of the Russian language which is attempted on the present occasion.

The accents have formed a laborious part of the work: the Russians do not mark them in their books, and therefore they can only be acquired orally. I have endeavoured to determine them accurately, and if I have occasionally gone wrong, must crave the reader's indulgence. But it is believed that all important errors are marked in the errata. The subject of Russian accentuation is beset with difficulties, the stress going from one syllable to another in different cases of the same noun, and in many instances determining the aspect of a verb. Not a little curious also is the power which the preposition frequently possesses of attracting to itself the accent of the word which it governs.

I must thank several friends for their kind suggestions, for small as the book is, it has cost much labour; especially to be mentioned are Dr. J. A. H. Murray, the Editor of the New English Dictionary, and Professor J. Grot, of St.

Petersburg, author of many valuable works on Russian philology, who have looked through the proof-sheets, but they must not be held responsible for any errors which may be found.

The table of mutations on page 8 is adapted from Ivanov's Grammar, and will be useful to the student, with the necessary modifications. In other respects that work, of which an English translation has appeared, is unscientific and of little value.

The first Russian Grammar was published at Oxford, in 1696, by Henry Ludolf, in Latin: it is followed at the distance of nearly two hundred years by the present attempt, which it is hoped will not prove unworthy of the Clarendon Press, from which the first also issued.

W. R. MORFILL.

OXFORD:
April 12, 1889.

CONTENTS.

Part I. Phonology.
 The Alphabet 1
 Accent 8

Part II. Formation of Stems.
 Nouns 9

Part III. Formation of Words.
 (1) Inflected.
  The Noun 11
   ъ (a) stems 12
   o-stems, a-stems 14
   ъ (u) stems, ь-stems, в-stems 15
   н-stems, c-stems 16
   т-stems, p-stems 18
  Adjectives: Definite 19
   Indefinite 20
   Comparison of Adjectives 21
  Numerals: I. Cardinal 23
   II. Ordinal 24
   The Hours of the Day 28
   Fractions of Numerals 29
  Pronouns: Personal 29
   Reflexive 30
   Possessive 31
   Demonstrative 32
   Relative and Interrogative 33

CONTENTS.

	PAGE
The Verb	35
The Infinitive Stem	39
The Present Stem	41
A. Conjugation with the Present Suffix:	
I. Stems without Suffixes	42
Stems which end in т	42
Stems which end in с and з	43
Stems which end in б and в	43
Stems which end in г and к	44
Stems which end in н	45
Stems which end in p and л	45
Stems which end in a vowel	46
II. nṛ-stems	47
III. ѣ-stems	47
IV. i-stems	48
V. a-stems: First group	48
Second and third groups	49
Fourth group	50
VI. ova (ua) stems	50
B. Conjugation without the Present Suffix. Tense, Mood, Voice	51
Impersonal Verbs	53
Irregular Verbs	54
The Verb быть, to be	56
(2) Uninflected.	
Adverbs	57
Prepositions	59
Conjunctions	60
Interjections	62
Part IV. Syntax.	
The Concords	63
The Noun	63
The Verb	68
The Sequence of Tenses	70
Prepositions	70
Order of Words in a Sentence	80

CONTENTS.

	PAGE
Reading Lessons	81
Прохо́жій и Го́рлица	82
Пѣ́сня	82
Аде́ли	83
Юро́дивый	84
Смерть Ма́тери	84
Пѣ́сни Атама́на	86
Пѣ́сня	86
Сонъ	87
Чёрная Шаль	88
Старосвѣ́тскіе Помѣ́щики	89
Споръ	91
Лавре́цкій	94
Дары́ Те́река	95
Капита́нская Дочь	97
Проро́къ	101
Ле́бедь, Щу́ка и Ракъ	102
Талисма́нъ	102
Дочь Ме́ншикова	103
Берёзовъ	104
Анча́ръ	105
Вѣкова́я Тишина́	106
Шко́льникъ	107
Суво́ровъ	108
Ревизо́ръ. Дѣ́йствіе V, Явле́ніе VIII . .	112
Степь	118
Въ тёмную ночь	120
Вече́рніе огни́	121
Плю́шкинъ	122

Vocabulary 127

ERRATA AND ADDENDA.

P. 7, l. 16, *after* sharply *add* except before 6, г, д, ж.
P. 11, l. 26, *for* юнота *read* юноша.
P. 13, l. 5, *for* конѣ́ *read* коне́й.
P. 14, l. 29. *A.* ры́бы *in Miklosich, but query* рыбъ?
P. 18, l. 31, *for* ма́терямъ *read* матерями.
P. 19, l. 6, *read* голо́вушка.
P. 20, l. 15, *for* -ымъ *read* -ыми.
P. 28, l. 23, *for* eleven *read* ten; l. 31, *for* four *read* three.
P. 31, l. 17, *after* мой *add* and the other possessive pronouns.
P. 33, l. 17, *for* чьему́ *read* чьего́.
P. 41, l. 10, *after* having given *add* or -въ; when declined -ший; l. 31, *after* да, *add* and so in plural.
P. 42, l. 13, *read* люби́мъ; l. 14, *after* declinable *add* in compound declension.
P. 45, l. 1, *after* end in н *add* and м.
P. 47, l. 3, *read* дви́ну-в-ши; l. 11, *read* дви́нучи; l. 25, *read* умѣ́-й-те.
P. 48, l. 8, *read* хоти́мъ, хоти́те, хотя́тъ; l. 22, *read* хвали́мъ.
P. 50, l. 10, *read* сѣ́-й-те; l. 15, *read* купова́ть; l. 23, *read* купу́-й-те.
P. 51, ll. 7, 8, *read* дади́мъ, дади́те.
P. 52, l. 4, *accent* дви́гать *on first syllable throughout*; l. 21, *after* person *omit* singular.
P. 53, l. 19. *Dele this example.*
P. 57, l. 19, *after* наза́дъ *add* with тому́; l. 20, *after* пе́рвый *add* томъ.
P. 58, l. 24, *for* speaker *read* hearer.
P. 60, l. 30, *read* дала́.
P. 61, l. 2, *after* interrogative *add* also whether, or.
P. 64, l. 6, *read* седьма́го.
P. 67, l. 15, *read* кости́й; l. 18, *read* лѣ́та.
P. 68, l. 22. *The sentence beginning* При учрежде́нiи *etc. has been misplaced: insert it after* l. 12 *on* p. 67.
P. 141, col. 1, l. 15, *add* коржъ, *sm. irreg. and provin.* a kind of cake; col. 2, l. 11, *after* circle *add* dim. кружо́къ.
P. 152, col. 1, l. 37, *add* пола́, *sf.* a piece of cloth, a flap.
P. 18, l. 26, *for* дѣтями́ *read* дѣтьми́; l. 27, *for* дитя́тѣ *read* дитя́ти.
P. 53, l. 6, *for* верну́ть *read* со́слать; *and for* turned *read* sent.
P. 63, l. 14, *read* бо́льшая.
P. 64, l. 6, *read* Iю́ня; l. 33, *read* сто́пвшее.

Свиданіе.
Ужъ за горой дремучею
Погасъ вечерній лучъ,
Едва струей гремучею
Сверкаетъ жаркій ключъ;
Сады благоуханіемъ
Наполнились живымъ;
Тифлисъ объятъ молчаніемъ
Въ ущельи мгла и дымъ.
Летаютъ сны мучители
Надъ грѣшными людьми,
И ангелы хранители
Бесѣдуютъ съ дѣтьми.
                Лермонтовъ.

RUSSIAN AS WRITTEN.

THE WRITTEN ALPHABET.

PART I. PHONOLOGY.

The Russians employ the Cyrillic alphabet, which is said to have been invented by St. Cyril, circa A. D. 863, but according to others by Clement, his disciple. These letters were modified by Peter the Great and rendered more suitable for printing[1].

ALPHABET.

Roman.	Italic.	Pronunciation.
A a	*A a*	As in Italian.
Б б	*Б б*	b.
В в	*В в*	v.
Г г	*Г г*	g (always hard).
Д д	*Д д*	d.
Е е	*Е е*	e, It. at beginning, *ye*.
Ж ж	*Ж ж*	zh, French *j*.
З з	*З з*	z.
И и	*И и*	i, as in Italian.
I i	*I i*	ditto.
К к	*К к*	k, as in English.
Л л	*Л л*	l.
М м	*М м*	m.
Н н	*Н н*	n.
О о	*О о*	o.
П п	*П п*	p.
Р р	*Р р*	r.

[1] The Ecclesiastical Alphabet, as it is called, is the one used for the first grammar of the modern Russian language by H. Ludolf, which was printed at Oxford in 1696.

ALPHABET (*continued*).

Roman.		Italic.		Pronunciation.
С	с	*C*	*c*	s.
Т	т	*T*	*m*	t.
У	у	*У*	*y*	Eng. *oo*, Fr. *ou*.
Ф	ф	*Ф*	*ф*	f.
Х	х	*X*	*x*	ch, as in German.
Ц	ц	*Ц*	*ц*	ts or *tz*.
Ч	ч	*Ч*	*ч*	ch, as in *church*.
Ш	ш	*Ш*	*ш*	sh.
Щ	щ	*Щ*	*щ*	stch.
Ъ	ъ[1]	*Ъ*	*ъ*	Strong *e* mute, sometimes transliterated *ŭ*.
Ы	ы[1]	*Ы*	*ы*	thick *e*.
Ь	ь[1]	*Ь*	*ь*	Weak *e* mute, sometimes transliterated *ĭ*.
Ѣ	ѣ	*Ѣ*	*ѣ*	yé or e.
Э	э	*Э*	*э*	e.
Ю	ю	*Ю*	*ю*	As English *you*.
Я	я	*Я*	*я*	ya.
Ѳ	ѳ	*Ѳ*	*ѳ*	f.
Ѵ	ѵ	*Ѵ*	*ѵ*	i.
Й	й	*Й*	*й*	i, very short.

As the pronunciation of the Russian language is somewhat irregular, the following remarks will be found serviceable:—

THE VOWELS.

А { Normal sound, as in Italian, e. g. ка́ша, gruel.
     Occasional, ŭ: у́жасъ, terror; ло́шадь, horse.
       „   ŏ: большáго, gen. mas. of adj. большо́й, great.

---

[1] Never used at the beginning of a word.

PHONOLOGY.

The first of these exceptions is explained by the weakening of the last syllable, in consequence of the accent being upon the first. The last is altogether irregular (*bolshova*), and occurs in the genitive case of adjectives, which have the accent on the last syllable in the nominative.

Я { Normal sound: *ya*, as я́ма, pit (the *a* as in Italian).
    Occasional: *ye, e*, as де́вять, nine.

Whenever я is accented it is pronounced *ya*, and always at the end of words, as вре́мя, time. If unaccented it has the sound of *ye* or *e*. The reflexive ся added to verbs is always pronounced *sa*: the pronoun ея, of her, gen. of она́, is pronounced *yeyo*.

Е { Normal sound: *yê, ê*, as е́сли, if; се́рдце, heart.
    Occasional: *yo, o*, as берёза, birch; жёлтый, yellow.

At the beginning of a word е has the sound of *ye*; this is owing to its being contrary to the genius of the Slavonic languages to begin words with open vowels: in other syllables it has the sound of the accented French *é*, although after many consonants the ear seems to detect a faint sound of *y* or *i*; thus день, a day, and де́монъ, a demon, are pronounced *dyên, dyêmon*.

It is frequently pronounced like *yo* in the following cases:—

(*a*) After the consonants ж, ч, ш, щ, ц, as лицё, the face.

(*b*) In the present tense of verbs, as несёшь, thou carriest; несёте, ye carry.

(*c*) When standing before a consonant, followed by one of the hard vowels а, о, у, ы, ъ.

(*d*) In the termination -ею or -ей of the instrumental singular of feminine nouns.

(*e*) Before the gutturals г, к, х, or the palatals ж, ш.

Finally it is pronounced *yo* wherever it is thus marked, ё, as is done in the present book; but unfortunately in others this mark is often omitted, and therefore the student can only acquire a knowledge of its use by practice. It is sometimes employed to express the sound of the French *eu* or German *ö*, as Гёте, Goethe. Owing to the faint *y*-sound heard before the sound of *e* many letters are palatilised before it.

д, г, and з become ж (dj, gj, zj).
т and к become ч (tj, kj).
с and х become ш (sj, khj).
ст, ск become щ, as in pronunciation of the English que*stion*.

It is from this cause that the labials, б, в, м, п, when followed by e, insert an л before it.

Ѣ { Normal sound : *yê, ê,* ѣмъ, I eat.
    Occasional : *yo,* as звѣзды, stars.

The vowel ѣ at the beginning of words sounds like *yê*, as ѣмъ, *yêm,* I eat : in the middle of a word as *ê*, as вѣра, *véra*, faith, although even in these cases a slight *y* or *i* is heard.

It has the sound of *yo* only in the following words : гнѣзда, nests ; звѣзды, stars ; сѣдла, saddles ; цвѣлъ, he flourished ; обрѣлъ, he found ; and their derivatives and compounds.

О { Normal sound : *ô,* as дóма, at home.
    Occasional : *a,* as хорошó.

The last of these words is pronounced *kharashó*. It may be laid down as a rule that the Russian о, when not accented, is always pronounced *a*, and this is a great characteristic of the language.

И { Normal sound : *i,* as и́мя, a name.
    Occasional : *yi,* as имъ, to them.

The vowel и at the beginning of the various inflexions of the pronoun of the third person (имъ, ихъ, ими) is pronounced *yim, yikh, yimi* : i is used for и in certain cases.

Ы { Normal sound : *î,* сынъ, son.
    Occasional : *wî,* мы, we.

The sound of the vowel ы is a thick guttural *e*, which can

only be acquired from a native. Of the Slavonic languages, it is found in Russian and Polish. I have preferred to express it by *i*, instead of *y* as is usually the case, following the analogy of Polish, in order to avoid its being confused with the English sound of *y*. After the labials (б, в, м, п, ф) it is pronounced like *wi*, as мы.

10. The proper sound of this is like the English *you*. It is sometimes used to express the sound of the French *u*, when foreign words are written in Russian letters.

The vowel Э is used to express the simple sound of *e* without any sound of a previous *y* : like French *ê*.

Ъ. The strong *e* mute, written by Miklosich *ŭ*. This, which had a separate sound in Old Slavonic, has disappeared from Russian, and cannot be found so used in the historical period of the language. It has now only an effect upon a preceding voiced consonant, which it changes into the corresponding breath sound : thus, в is pronounced *f*; д, *t*; з, *s*, etc., as кровъ, roof, pronounced *krof*; гладъ, hunger, *glat* ; другъ, friend, *drouk*; вязъ, an elm, *vyass*.

Ь. The weak *e* mute, written by Miklosich *ĭ*, confers a liquefied and slender sound on the preceding consonant, like the French *mouillé* sound : thus, стань, *stagne* (Fr.); брать, to take, *bratj'*, almost like *bratch*; пыль, dust, *pil* (almost as if written in French, *pigle*).

Й. This vowel is pronounced very rapidly with the vowel that precedes it, as дай, give ; пой, sing, like *y* in *boy*.

The hiatus in vowels is avoided (1) by the introduction of the sound *y*, as грѣю, I warm ; or (2) by в, as давáть, to give ; or (3) н with pronouns, as къ немý, to him. See under pronouns, p. 30.

The letter V, which is only used in some ecclesiastical words derived from Old Slavonic, has the sound of *u*, as мѵ́ро, chrism.

The Consonants.

(1) Р, Л, П.

The р is pronounced much stronger than the weak English sound of the letter, but not as strong as in French.

л before the hard vowels and strong consonants has the peculiar sound of a guttural *l*, as if mixed with the sound of *w*. It must be acquired from the lips of a native. It is represented by the barred *ł* in Polish.

The letter л is frequently introduced between a labial and a vowel, e.g. дешéвле, more cheaply, from дешёвый, cheap; топи́ть, to warm, тёплый, warm, and many others. Cf. also the verbal forms, e.g. люблю́ from люби́ть.

In some of the past tenses of the verbs it falls out for phonetic reasons, as will be afterwards explained. In the Russian dialects we get the sounds *l* and *j* interchanged; thus, лезы́къ becomes язы́къ, a tongue; compare Lat. *lingua*.

п is pronounced as in English.

(2) Т, Д.

Concerning the pronunciation of these letters there is nothing special to remark. In some words д is omitted from lax articulation, as пра́здность, pronounced *praznost*[1]. тт and дт sometimes become ст; thus, красть, to steal.

(3) П, Б, В, М.

These letters are pronounced as *p, b, v, m* in English. The effects of ъ and ь upon them must not be forgotten. п is frequently omitted before п; thus, топну́ть becomes топу́ть; so also б, as ги́нуть for ги́бнуть. в falls out after б, as обла́чить, обла́дить. вв are frequently found together at the beginning of a word, as введéніе, introduction, from въ and ведéніе.

(4) К, Г, Х.

к is pronounced as in English. The usual sound of г is hard, as горá, mountain. At the end of words and before the consonant

---

[1] Perhaps somewhat of a vulgarism.

щ it takes the sound of *k*, as мо́гщій, *mok-shi*, one who could. In the words Госпо́дь, Lord ; бла́го, well, and the oblique cases of the noun Богъ, God (Бо́га, Бо́гу, Бо́гомъ), it is a strong aspirate. In the words Богъ, God, and убо́гъ, poor ; before a strong consonant, as лёгкій, light ; ле́гче, lighter ; но́гти, the nails ; and in foreign words ending in ргъ, it is pronounced like the German guttural *ch*, as Петербу́ргъ, *Peterburch*. In the inflexions аго, яго, ого, его of adjectives and pronouns it is pronounced *v*[1]. кв in the other Slavonic languages has become цв in цвѣтъ, a flower, and гв becomes зв in звѣзда́, a star. гн becomes н in двинуть and other words. х is pronounced like *ch* in Ger. *acht*.

(5) **Ц, З, С.**

These sounds are pronounced as in English. стл sometimes becomes сл, as ма́сло, butter ; скн becomes сн, as плеснуть ; сс can occur together at the beginning of a word, as ссыла́ть, to send. с is always to be pronounced sharply.

(6) **Ч, Ж, Ш, Щ.**

The first of these sounds is the palatal *ch* in the English word *church*. ж is the French *j* in *jour* ; the English *j* being represented in Russian by дж, as Джонсонъ, *Johnson*. ш is *sh* : щ is a compound of ш-ч, and is pronounced like the italicised letters in the compounds sma*sht ch*ina, or pari*sh ch*urch, or the word que*sti*on.

The letter Ф represents the unslavonic sound of *f*, and is only used in words derived from foreign languages. It is also heard as the pronunciation of the somewhat rare letter Ѳ, the Greek theta, as Ѳома́, pronounced *Foma*.

The following table of the chief mutations which the vowels and consonants may undergo will help to explain the principles of the declensions and conjugations :—

---

[1] Professor Malinowski thinks this arose from the influence of the termination -ва in the gen. of the possessive adjective derived from a noun : thus, отцо́въ, отцо́ва, belonging to a father.

Vowels and Semi-vowels.

1. и			i			any other vowel.
2. ъ			о	before		any two consonants.
3. ь and й			е			any consonant.
4. я			а			
5. ю	change		у			г, к, х, ж, ч, ш, щ, ц.
6. ы	into		и			г, к, х, ж, ч, ш, щ.
7. е			о	after		г, к, х.
8. о			е			ж, ч, ш, щ, ц.
9. ѣ			и			i.
10. ь			й			any vowel.

Consonants.

11. г						п, у, ъ.
12. д			ж			я, е, и, у, ю, ь.
13. з						
14. к						и, ю, ь.
15. т	change		ч	before		я, о, п, у, ю, ь.
16. ц	into					е, и, у, ь.
17. х						
18. с			ш			п, у, ь.
19. ск						
20. ст			щ			я, е, и, у, ю, ь.

Accent.

The Russian accent presents one of the greatest difficulties of the language. It appears capricious, sometimes changing from one syllable to another in the same word. In a rudimentary work of the present kind no explanation of it can be attempted, nor can any general rules be laid down, but the accent on all words will be carefully marked, so that the student can gradually familiarise himself[1].

---

[1] To advanced students and such as can read the Russian language I may recommend Филологическія Разысканія, by J. Grot, the best work on the subject. (St. Petersburg, 1885.) Vol. I, p. 354.

PART II. THE FORMATION OF STEMS.
(Stammbildungslehre.)

NOUNS.
I. Masculine.

The commonest terminations denoting the male agent are -щикъ, -чикъ, -икъ, and -шкъ, e. g. кáменщикъ, a stonemason; чинóвникъ, a public functionary.

-янъ, denoting the citizen of a place, as Ри́млянинъ, a Roman.

-унъ generally has a depreciatory sense, as хвастýнъ, a boaster; лгунъ, a liar.

-тель, as прія́тель, a friend. The word другъ, friend, has no feminine form; a man will call his wife другъ мой, as Peter the Great does at the commencement of many of his letters to Catherine. There is a cognate form, подрýга.

-вичъ, -ичъ, patronymic, as Ива́новичъ, son of John.

-акъ and -якъ, as крѣша́къ, a strong man (prov.); моря́къ, a sailor.

-окъ, as игрóкъ, a player.

-ецъ, as отéцъ, a father.

-ица, as убíйца, a murderer.

-ачъ, as ткачъ, a weaver; врачъ, a surgeon (originally a magician).

-яга, as бродя́га, a vagabond.

II. Feminine.

-щица,
-чица,
-ица,
-ница,
} corresponding to the first four masculines cited, as пти́ца, a bird; волшéбница, a sorceress.

-ня, the place where a business is carried on, as пекáрня, a bakehouse.

-ина, as чужбина, a foreign country.

-ыня, as госудáрыня, lady.

-та, } terminations of many abstract qualities, as красотá,
-сть, } beauty; рáдость, joy.

-ва, as битва, a battle; державa, power.

-ода, as свобóда, liberty.

-ада, as громáда, a heap.

-ядь, as чéлядь, the domestics of a household.

-ба, as служба, service.

-ка, as крáска, colour.

-ежь, as молодёжь, youth, but -ежъ, masc., as грабёжъ, plunder.

-ша, as генерáльша, the general's wife.

-иха and -ыха, as купчиха, the merchant's wife; бабалыха, miserable old woman (prov.).

Neuter.

-цо, as кольцó, a ring.

-о, as пятнó, a spot.

-ство, as отéчество, fatherland; бóжество, deity.

-ишко, used in a depreciatory sense, as домишко, a miserable little house.

-мя, as врéмя, time; стрéмя, a stirrup.

-ище, place, like the Greek -ειον, as кладбище, a cemetery; книгохранилище, a library. In nouns with this termination great irregularity of accent may be noticed.

[The stems of the other parts of speech will be explained under their several headings in the part which treats of the Formation of Words (Wortbildungslehre).]

PART III. THE FORMATION OF WORDS.

(Wortbildungslehre.)

Parts of speech may be divided into two heads—
(1) Inflected, viz. noun, adjective, numeral, pronoun, verb.
(2) Uninflected, viz. adverb, preposition, conjunction, interjection.

(1) INFLECTED.

The article, which in the old-fashioned grammars used to take the lead, but in reality comes under the classification of the pronouns, at first sight appears to be wanting in Russian, as in all the other Slavonic languages which have not adopted it from foreign influence. This apparent want, however, is supplied by the termination -ій, which marks the difference between the ordinary and apocopated forms of the adjective, as will soon afterwards be explained. The consciousness of this, however, is more or less lost in the language, and sometimes the words тотъ, this, to indicate a determinate, and нѣкоторый, a certain one, to indicate an indeterminate sense, are employed. Besides нѣкоторый we also have одинъ used as an indefinite article, as Исторія одного преступленія Виктора Гюго, the History of a Crime, by Victor Hugo.

THE NOUN.

The Russian language has three genders, the masculine, feminine, and neuter.

1. The masculine gender includes the names of animate beings of the male sex; e.g. отéцъ, the father; юноша, a young man: also names of inanimate and abstract objects terminating in ъ, й, and some which end in ь; e.g. домъ, the house; покой, repose; корабль, a ship.

2. The feminine gender includes the names of animate beings of the female sex, as сестра́, sister; дочь, the daughter: also the names of inanimate objects and abstracts terminating in а, я, and some which end in ь, especially those of the latter termination which refer to abstract ideas.

3. The neuter gender includes the names of animate beings, where the idea of sex is not prominent, as дитя́ and ча́до, a child; чудо́вище, a monster; and also the names of inanimate and abstract objects terminating in о, е, and мя, e.g. зо́лото, gold; мо́ре, the sea; вре́мя, time.

The noun has two numbers, singular and plural[1]. There are seven cases—the nominative, genitive, dative, accusative, vocative, instrumental, and locative. The last case is sometimes called the prepositional, because it is only used with one of the following prepositions:—

о, объ, of, concerning.   при, by (near).
во, въ, in.   по, after.
на, on.

An independent vocative form has disappeared from the Russian nouns: the forms Бо́же, O God, and о́тче, O father, are borrowed from O. S. Traces, however, of others are found in the dialects. The genitive and accusative masculine and neuter are the same in the case of animate things: in the plural this rule holds good for all genders.

I. ъ (a) STEMS.

рабъ, a slave.

	Sing.	Plur.		Sing.	Plur.
N.	рабъ	рабы́	D.	рабу́	раба́мъ
A.	раба́	рабо́въ	I.	рабо́мъ	раба́ми
G.	раба́	рабо́въ[2]	L.	рабѣ́	раба́хъ

[1] The Old Slavonic had a dual, and of this traces are found in modern Russian, as will be shortly seen.

[2] Some nouns of this declension ending in ж, ч, ш, щ make the gen. plur. in -ей.

конь, a horse.

	Sing.	Plur.		Sing.	Plur.
N.	конь	кóни	D.	коню́	коня́мъ
A.	коня́	коне́й	I.	конёмъ	коня́ми
G.	коня́	коне́й	L.	конѣ́	коня́хъ

The genitive singular of masculine nouns in ъ, ь, й, signifying divisible matter, often takes, especially in familiar language, the inflection у and ю. Thus we say: фунтъ сáхару, a pound of sugar; чáшка чáю, a cup of tea. Some monosyllabic and dissyllabic substantives, most of which refer to time or place, have in the locative case after на or въ the termination у with the accent, as бокъ, верхъ, край; въ боку́, на верху́, въ краю́, въ году́. The plural genitive loses -овъ in some substantives, the most notable of which are солдáтъ, сапóгъ, чулóкъ, вóлосъ, глазъ, and госпóдъ, and those substantives ending in -инъ, which lose all trace of that termination in the plural; e.g. мѣщанѝнъ, боя́ринъ, plural g. мѣщáнъ, боя́ръ. These substantives take o in the nom. plural: thus, селянѝнъ, a villager; nom. plur. селя́не. Many substantives have in the plural nominative an accented a, as берегъ, the shore, берегá; гóлосъ, the voice, голосá; гóродъ, a town, городá, etc. The following nouns demand especial attention: хозя́инъ, plural хозя́ева, g. хозя́евъ, d. хозя́евамъ; другъ, a friend, друзья́, друзе́й, друзья́мъ; князь, a prince, князья́, князе́й; мужъ, a husband, мужья́, муже́й; but this last word is regular in the sense of men, мужи́. To these must also be added сынъ, pl. сыновья́, сынове́й, etc. Many of these plural forms are supposed to be collective nouns, and their irregularity may in this way be explained.

Many nouns having e or o in the nominative elide them in the oblique cases: as, орёлъ, an eagle, g. орлá; ротъ, the mouth, g. рта.

II. o-stems.

Nouns belonging to this declension are neuter.

село́, a village.

	Sing.	Plur.		Sing.	Plur.
N.	село́	сёла	D.	селу́	сёламъ
A.	село́	сёла	I.	село́мъ	сёлами
G.	села́	сёлъ	L.	селѣ́	сёлахъ

по́ле, a field [1].

	Sing.	Plur.		Sing.	Plur.
N.	по́ле	поля́	D.	по́лю	поля́мъ
A.	по́ле	поля́	I.	по́лемъ	поля́ми
G.	по́ля	поль, or поле́й	L.	по́лѣ	поля́хъ

The following irregular nouns belonging to this declension must be noticed: де́рево, a tree, plur. nom. дере́ви and дере́вья, gen. дере́въ and дере́вьевъ. колѣ́но has three inflexions in the plural, a different meaning being conveyed by each, when it means a tribe, pl. колѣ́на, колѣ́нъ, колѣ́намъ, etc.; when it means the knee, pl. колѣ́ни, колѣ́ней, колѣ́нямъ; when it means the joint (of a plant), колѣ́нья, колѣ́ньевъ, колѣ́ньямъ, etc. Some neuter nouns take masculine plurals, e.g. со́лнце, the sun, makes со́лнцы, со́лнцевъ. So also о́блако, a cloud, о́блаки, облако́въ, but it is occasionally regular, о́блака, о́блакъ. я́блоко, an apple, makes plural я́блоки, я́блокъ, and also яблоко́въ.

III. a-stems.

Nouns belonging to this declension are feminine.

рыба, a fish.

	Sing.	Plur.		Sing.	Plur.
N.	ры́ба	ры́бы	D.	ры́бѣ	ры́бамъ
A.	ры́бу	ры́бы	I.	ры́бою	ры́бами
G.	ры́бы	рыбъ	L.	ры́бѣ	ры́бахъ

---

[1] The insertion of поле among the o-stems is explained by its being a jo-stem = poljo. The final -o, preceded by a consonant, which has been modified by j (Eng. y cons.), becomes e.

THE FORMATION OF WORDS.

дыня, a melon.

	Sing.	Plur.		Sing.	Plur.
N.	дыня	дыни	D.	дынѣ	дынямъ
A.	дыню	дыни	I.	дынею	дынями
G.	дыни	дынь	L.	дынѣ	дыняхъ.

Forms in -ія exhibit certain peculiarities, and therefore an example is added here.

молнія, lightning.

	Sing.	Plur.		Sing.	Plur.
N.	молнія	молніи	D.	молніи	молніямъ
A.	молнію	молніи	I.	молніею (ей)	молніями
G.	молніи	молній	L.	молніи	молніяхъ.

басня, a story, makes gen. plural басенъ; many others also insert e and o in the gen. plural.

✻ For the form -ою, -ой is also used; for -ею, ей; and for -ію, -ью.

IV. ъ (u) STEMS.

There are only traces of this declension in the modern Russian language, such as gen., dat., and loc. sing. in y and овъ, for the genitive plural (see p. 13). The genitive in y is gradually displacing that in a.

V. ь-STEMS.

These are either masculine or feminine. The former are identical with those given under the second division of ъ (a) stems.

Feminine. кость, a bone.

	Sing.	Plur.		Sing.	Plur.
N.	кость	кости	D.	кости	костямъ
A.	кость	кости	I.	костью	костями
G.	кости	костей	L.	кости	костяхъ.

VI. Consonantal Stems.

(1) в-STEMS.

церковь, a church.

	Sing.	Plur.		Sing.	Plur.
N.	церковь	церкви	D.	церкви	церквамъ
A.	церковь	церкви	I.	церковью	церквами
G.	церкви	церквей	L.	церкви	церквахъ.

In the same way is declined любо́вь, love, which, however, is only found in the singular.

(2) н-stems.
(a) *Masculine.*

День, day, makes gen. дня; in genitive plural день (prov.) and дней.

(β) *Neuter.* и́мя, a name.

Sing.	Plur.		Sing.	Plur.
N. и́мя	имена́		D. и́мени	имена́мъ
A. и́мя	имена́		I. и́менемъ	имена́ми
G. и́мени	имёнъ		L. и́мени	имена́хъ.

In the same way are declined вре́мя, time; зна́мя, a flag; and other nouns.

(3) с-stems.
чу́до, a wonder.

Sing.	Plur.		Sing.	Plur.
N. чу́до	чудеса́		D. чу́ду	чудеса́мъ
A. чу́до	чудеса́		I. чу́домъ	чудеса́ми
G. чу́да	чуде́съ		L. чу́дѣ	чудеса́хъ.

In the same way is declined не́бо, the sky. О́ко, the eye, and у́хо, the ear, form their plural in и, ей, амъ, with the change of the consonant necessitated, as о́чи, оче́й, оча́мъ, оча́ми; у́ши, уше́й, уша́мъ, уши́ми¹, instead of уша́ми. This inflection is properly the Slavonic dual, of which traces will be found throughout the language, as will be hereafter shewn: the plural, which is sometimes used in poetry, is очеса́, ушеса́.

The following lists of some of the more irregular nouns of the preceding declensions will be found useful:—

1. Nouns which instead of ы, и, take а́ and я in the nom. plur. (Some of these have been already alluded to under Declension I.)

---

¹ Almost confined to Old Slavonic, as used in the churches.

Вечеръ, вечера, evening.
Докторъ, доктора, a doctor.
Колоколъ, колокола, a bell.
Лугъ, луга, a meadow.
Лѣсъ, лѣса, a forest.

Мастеръ, мастера, a master.
Островъ, острова, an island.
Профессоръ, профессора, a professor.
Холодъ, холода, cold.

2. Some nouns in ъ, ь, о, form their plural in ья, ьевъ, ьямъ.

Братъ, братья, братьевъ, brother.
Стулъ, стулья, a chair.
Зять, son-in-law, зятья.

The history of these forms is illustrated by Old Slavonic, where the plural frequently became a collective noun and was of the feminine gender; thus, O. S. Братия, fem., brothers (collectively). The same form is seen in modern Serbian. Instances can be found in comparatively late Russian of братья being so treated.

3. As altogether irregular nouns may be cited:—

Глазъ, the eye, pl. глаза, глазъ, глазамъ.

Волосъ, a hair, pl. волоса, волосъ, волосамъ (волосы is also used for the nominative plural).

Курица, a hen, pl. куры, куръ, курамъ.

Дерево, a tree; дерева, деревъ, and деревья, деревьевъ.

Instances of nouns with different inflections in the plural:—

Вѣкъ, an age, pl. вѣки and вѣка.
Годъ, a year, pl. годы and года.
Домъ, a house, pl. домы and дома.
Снѣгъ, snow, pl. снѣги and снѣга.

Sometimes the two inflections have totally different meanings:—

Зубъ, a tooth (in the mouth), pl. зубы, зубовъ; and tooth (of a saw), зубья, зубьевъ.

Листъ, a leaf (of paper), листы, листовъ; and a leaf (of a tree), листья, листевъ.

Мѣхъ, fur, мѣха, мѣховъ; and a pair of bellows, мѣха, мѣхопъ.

Цвѣтъ, a flower, цвѣты́, цвѣто́въ; and a colour, цвѣты́, цвѣто́въ.
Госпо́дь, the Lord, is declined like a noun in ъ, with the hard inflection: g. Го́спода, d. Го́споду, i. Го́сподомъ, v. Го́споди. Хрпсто́съ, Christ, loses the syllable -ос in all the inflections: g. Хрпста́, d. Хрпсту́, i. Хрпсто́мъ, l. О Хрпстѣ́, v. Хрпстѣ́.

Пла́мень, flame,
Путь, the way,
{ although masculine, take in the gen., dat., and locat. sing. the feminine inflection и (пла́мени, пути́); but the instrumental case is regular (пла́менемъ, путёмъ).

(4) T-STEMS.
жеребя́, a foal.

Sing.	Plur.		Sing.	Plur.
N. жеребя́	жеребя́та	D.	жеребя́ти	жеребя́тамъ
A. жеребя́	жеребя́та	I.	жеребя́темъ	жеребя́тами
G. жеребя́ти	жеребя́тъ	L.	жеребя́ти	жеребя́тахъ

The singular жеребя́, although given by some of the grammars, has long since been supplied by the form жеребёнокъ. In the same way, внукъ, жидёнокъ, калмычёнокъ, медвѣжёнокъ, ребёнокъ, телёнокъ, щенокъ; in the plural, внуча́та, жидеия́та, калмыча́та, медвѣжа́та, реби́та, теля́та, щеня́та, but we also find внуки́, медвѣжёнки, щепы́й. Cf. Chekh *pacholata*, the little boys.

The word дитя́, a child, is very irregular, and is therefore added here.

Sing.	Plur.		Sing.	Plur.
N. дитя́	дѣти	D.	дитя́ти	дѣ́тямъ
A. дитя́	дѣте́й	I.	дитя́темъ	дѣтями́
G. дитя́ти	дѣте́й	L.	дитя́тѣ	дѣтяхъ

(5) P-STEMS.
мать, a mother.

Sing.	Plur.		Sing.	Plur.
N. мать	ма́тери	D.	ма́тери	ма́терямъ
A. мать	матере́й	I.	ма́терію	ма́терямъ
G. ма́тери	матере́й	L.	ма́тери	ма́теряхъ

THE FORMATION OF WORDS.

In the same way is declined дочь, a daughter. The Russian language is rich both in augmentatives and diminutives, as столище, a great table; мужичёкъ, a little peasant.

Что, ты спишь, мужичёкъ?

Кольцóвъ.

Головушка, a little head, etc. As in all languages, these diminutives express tenderness, as душенька, sweetheart, and they are found frequently in the popular songs. Thus, one begins, Сиротинушка, дѣвушка.

ADJECTIVES.

The adjective has both a definite and an indefinite form, the latter being sometimes called apocopated. The definite form is that which has the article at the end, -ій. The genitive дóбраго is дóбра-его, and it will be seen that the suffix is cognate with that which is found in the pronouns.

DEFINITE.
First Class. дóбрый, good.
Singular.

Masc.	Fem.	Neut.
N. дóбрый	дóбрая	дóброе
A. дóбраго[1], or -ый	дóбрую	дóброе
G. дóбраго	дóбрыя, or -ой	дóбраго
D. дóброму	дóброй	дóброму
I. дóбрымъ	дóброю, or -ой	дóбрымъ
L. дóбромъ	дóброй	дóбромъ

Plural, for all genders.

N. дóбрые, or -ыя	D. дóбрымъ
A. Like the nom. or gen.	I. дóбрыми
G. дóбрыхъ	L. дóбрыхъ

[1] In the case of animate things of masculine gender, both singular and plural, the genitive and accusative are alike: in the case of inanimate things, the nominative and accusative. In the plural this rule holds good with feminine and neuter nouns.

The form -ой is used in the nominative by some adjectives, on account of the accent being on the last syllable, as злой, сухóй.

According to Miklosich the difference between -ые in the nominative plural masculine and -ыя for the feminine and neuter is a mere fiction of writing; because in speaking, -ыя, when not accented, sounds like -ые. It is of comparatively modern origin.

Second Class. дрéвній, ancient.

	Singular.			Plural.
Masc.	Fem.	Neut.		For all genders.
N. дрéвній	-яя	-ее		-ie, or -ія
A. -яго	-юю	-ее		Like nom. or gen.
G. -яго	-ія, or -ей	-яго		-ихъ
D. -ему	-ей	-ему		-имъ
I. -имъ	-ею	-имъ		-имъ
L. -емъ	-ей	-емъ		-ихъ

Indefinite Adjectives.
First Class.

	Singular.			Plural.
Masc.	Fem.	Neut.		For all genders.
N. -ъ	-а	-о		-ы
A. -ъ or -а	-у	-о		Like nom. or gen.
G. -а	-ой	-а		-ыхъ
D. -у	-ой	-у		-ымъ
I. -ымъ	-ою (ой)	-ымъ		-ыми
L. -омъ (ѣ)	-ой	-омъ (ѣ)		-ыхъ.

Second Class.

	Singular.			Plural.
Masc.	Fem.	Neut.		For all genders.
N. -ъ	-я	-е		-и
A. -ъ, -я	-ю	-е		-ихъ
G. -я	-ей	-я		-ихъ
D. -ю	-ей	-ю		-имъ
I. -имъ	-ею (ей)	-имъ		-ими
L. -емъ	-ей	-емъ		-ихъ.

THE FORMATION OF WORDS. 21

The indefinite or apocopated form, sometimes also called nominal, is that which the adjective takes when used as a predicate, the forms of the copulative verb 'to be' being omitted. These apocopated forms are very much used in poetry and the popular language.

COMPARISON OF ADJECTIVES.

The comparative is formed (a) by adding the suffix -ѣйшій to the stem, e.g. бѣлѣйшій, whiter, and this in the apocopated form becomes -ѣе, as бѣлѣе. Some adjectives, however, add the suffix -е, making the regular phonetic mutations, as explained in the earlier part of this grammar; thus богатѣйшій, richer, in the apocopated form becomes богаче.

(b) When the suffix is added to stems ending in the gutturals г, к, х, it becomes -айшій in the full termination and -е in the apocopated, the gutturals undergoing the regular permutations: e.g. строгій, strict, comp. строжайшій, apocopated строже; жестокой makes жестче.

(c) A few adjectives take the suffix -шій, as низкій, low, низшій, apoc. ниже; худой, bad, comp. худшій, apoc. хуже.

The three following are quite irregular:—
великій (and большой)[1], great, comp. большій, apoc. больше.
малый (and меньшой), little, comp. меньшій, apoc. меньше.
хорошій, good, comp. лучшій, apoc. лучше.

The apocopated termination of the comparative sometimes has the preposition по prefixed[2], which rather diminishes the force, e.g. побѣлѣе, a little whiter.

In the case of adjectives which have no comparative болѣе is

---

[1] These words are used in very different senses, великій being rather applied to moral greatness, and большой physical.

[2] This is the only form of the comparative in the Bulgarian language. The use of this form seems to be increasing in Russian.

prefixed to the positive form, with which we may compare the Latin *magis*, as бо́лѣе ра́дъ, more joyous; сказа́ла она́ го́лосомъ еще́ бо́лѣе ла́сковымъ, she said in a tone even more charming.

The superlative is ordinarily not marked by any particular suffix: the four following adjectives, however, are exceptions:—

вели́кій, great, comp. бо́льшій, sup. велича́йшій.
высо́кій, high, comp. вы́сшій, sup. высоча́йшій.
ма́лый, little, comp. ме́ньшій, sup. мале́йшій.
ни́зкій, low, comp. ни́зшій, sup. нижа́йшій.

In other adjectives the superlative is formed by adding най to the comparative, or placing with it са́мый, са́мая, са́мое; as наилу́чшій or са́мый лу́чшій, the best. Sometimes the comparative is used with изъ всѣхъ, of all, and similar words, or пре is added to it.

The shorter form of the comparative is more often used in ordinary conversation, the form in -ѣйшій being employed in an elevated style, in poetry, etc.

Adjectives in Russian can take both diminutive and augmentative suffixes, as ры́женькая лоша́дка, a little bay horse. These forms are very much used in familiar conversation and in the popular songs of the country. Augmentative, сухоше́некъ, very dry.

On account of the frequency of its occurrence a complete paradigm of the adjective весь, all, is here added.

| | Singular. | | | Plural. |
	Masc.	Fem.	Neut.	For all genders.
N.	весь	вся	всё	всѣ
A.	весь, всего́	всю	всё	всѣ, or всѣхъ
G.	всего́	всей	всего́	всѣхъ
D.	всему́	всей	всему́	всѣмъ
I.	всѣмъ	все́ю	всѣмъ	все́ми
L.	всёмъ	всей	всёмъ	всѣхъ.

THE FORMATION OF WORDS.

Connected with this is всякій, each. Cf. the phrase, всякая всячина, odds and ends.

The chief adjectival terminations are as follows:—
-скій, of, or belonging to, as братскій, brotherly.
-итый, as даровитый, gifted.
-явый, as кудрявый, curly.
-яный, expressing material, as деревянный, made of wood.
-ный, главный, chief.
-вый, мёртвый, dead.
-ватый, diminutive, as бѣловатый, somewhat white.
-овъ, отцовъ, belonging to a father.

NUMERALS.

I. Cardinal.

1. одинъ, одна, одно.
2. два, двѣ.
3. три.
4. четыре.
5. пять.
6. шесть.
7. семь (worn down from O.S. седмь).
8. восемь (O.S. осмь: the в being prefixed, but we shall see that in the oblique cases the regular form is restored).
9. девять.
10. десять.
11. одиннадцать.
12. двѣнадцать.
13. тринадцать.
14. четырнадцать.
15. пятнадцать.
16. шестнадцать.
17. семнадцать.
18. осмнадцать, or восемнадцать.
19. девятнадцать.
20. двадцать.
21. двадцать одинъ.
22. двадцать два.
30. тридцать.
40. сорокъ[1].

---

[1] Here the Russian entirely varies from O.S. четыредесять. It is derived from the Greek τεσσαράκοντα, Modern Greek σάραντα.

50. пятьдесятъ [1].
60. шестьдесятъ.
70. семьдесятъ.
80. восемьдесятъ.
90. девяносто [2].
100. сто.
200. двѣсти.
300. триста.
400. четыреста.
500. пятьсотъ.
1000. тысяча.
2000. двѣ тысячи.
10,000. десять тысячъ [3].
100,000. сто тысячъ.
1,000,000. миллiонъ.

II. Ordinal.

1st. первый (declined like an ordinary adjective).
2nd. второй (originally второй).
3rd. третiй.
4th. четвёртый.
5th. пятый.
6th. шестой.
7th. седьмой.
8th. осьмой.
9th. девятый.
10th. десятый.
11th. одиннадцатый, or первый на-десять.
12th. двѣнадцатый, or второй на-десять.
13th. тринадцатый, or третiй на-десять.
14th. четырнадцатый, or четвёртый на-десять.
15th. пятнадцатый, or пятый на-десять.
16th. шестнадцатый, or шестой на-десять.
17th. семнадцатый, or седьмой на-десять.
18th. (в)осьмнадцатый, or (в)осьмой на-десять.
19th. девятнадцатый, or девятый на-десять.
20th. двадцатый.
21st. двадцать первый.
22nd. двадцать второй.
30th. тридцатый.
40th. сороковой.
50th. пятидесятый.
80th. (в)осьмидесятый.
90th. девяностый.
100th. сотый.
200th. двухъ-сотый.

---

[1] Observe the change here from the weak ь to the strong ъ mute.
[2] Here again Russian varies from O. S. девятьдесять.
[3] In O. S. тьма, lit. darkness.

300th. трёхъ-со́тый.
400th. четырёхъ-со́тый.
500th. пятисо́тый.
600th. шестисо́тый.
900th. девятисо́тый.

1000th. ты́сячный.
2000th. двухъ-ты́сячный.
10,000th. десятиты́сячный.
100,000th. стоты́сячный.

The following are the chief rules for the use of the numerals:—

Оди́нъ, одна́, одно́ is declined as an adjective and agrees with its noun.

Два, три, четы́ре are thus declined:—

N. два m., двѣ f.	три	четы́ре
A. двухъ	трёхъ	четырёхъ
G. двухъ	трёхъ	четырёхъ
D. двумъ	трёмъ	четырёмъ
I. двумя́	тремя́	четырьмя́
L. двухъ	трёхъ	четырёхъ

After два, три, and четы́ре (and also о́ба, f. о́бѣ, both) in the case of masculine nouns the suffix -a is added, if the noun is in the nominative or accusative case. This is wrongly explained in many of the grammars as being a genitive case; it is, however, the remains of a dual form, and we shall find that if an adjective is used, it is in the nominative or accusative plural, as пе́рвые два большіе стола́, the two first large tables; о́ба вели́кіе князья́ смерте́льно боя́лись своего́ отца́, both the Grand Dukes had a mortal dread of their father[1]. In the other instances the numeral is in the same case as the substantive, and is treated as an adjective, as четырёмъ кораблямъ вое́ннымъ, to four ships of war; въ четырёхъ корабля́хъ вое́нныхъ, in four ships of war. The first four numerals may therefore be considered as adjectives, the rest are substantives, and the noun

---

[1] A practice seems coming in of using sometimes a genitive plural from false analogy, as два други́хъ сочине́нія, two other works.

after them is placed in the genitive plural, as пять большихъ столовъ, five large tables. This, however, is only when the numeral is used in the nominative or accusative case; if it is used in any other cases, the noun and the accompanying adjective, if there is one, are put in the same case, e. g. шея ея была украшена пятью золотыми медальонами, her neck was adorned with five golden medallions.

From пять, five, to тридцать, thirty, the numerals are declined like кость (fifth declension, see p. 15). Of these, восемь exhibits some irregularities.

N. восемь   *D.* (в)осьми
A. (в)осьми   *I.* восемью
G. (в)осьми   *L.* (в)осьми.

The introduction of initial в in the nominative and instrumental cases has already been mentioned. It must have crept in from popular pronunciation, it being a common thing in many of the Slavonic languages to add в to a word beginning with о, to avoid the open sound.

Сорокъ is declined like a substantive of the first declension, девяносто and сто are declined like substantives of the second declension. Сорокъ is thus declined when alone: when used with a noun it makes сорокъ in the nominative and accusative, and in all the other cases сорока, but after по it is used in the dative, as по сороку рублей.

From пятьдесятъ to восемьдесятъ the numerals are declined as follows:—

N. пятьдесятъ   *D.* пятидесяти
A. пятидесяти   *I.* пятидесятью
G. пятидесяти   *L.* пятидесяти.

N. сто   ———   *D.* сту   стамъ
A. сто   ———   *I.* ста   стами
G. ста   сотъ   *L.* ста   стахъ.

Сто is thus declined when it stands alone, but when it is put with a noun it has сто in the nominative and accusative; in all the other cases ста, e. g. сто рублей, ста рублямъ. After the preposition по we have сту: по сту рублей. If сто stands after other numerals it is regularly declined: двѣсти, двухъ сотъ, etc.; триста, трёхъ сотъ, пять сотъ, пяти сотъ, etc. So also нѣсколько сотъ, нѣсколькихъ сотъ, some hundreds. After по we get: нѣскольку сотъ.

N.	двѣсти	пять сотъ
A.	двухъ сотъ	пяти сотъ
G.	двухъ сотъ	пяти сотъ
D.	двумъ стамъ	пяти стамъ
I.	двумя стами	пятью стами
L.	двухъ стахъ.	пяти стахъ.

To these may be added the following:—полтора́, one and a half; полтретьи́, two and a half.

	Singular.		Plural.
	Masc. and Neut.	Fem.	For all genders.
N.	полтора́	полторы́	полу́торы
A.	полтора́	полторы́	полу́торыхъ
G.	полу́тора	полу́торы	полу́торыхъ
D.	полу́тору	полу́торѣ	полу́торымъ
I.	полу́торымъ	полу́торою	полу́торыми
L.	полу́торѣ	полу́торѣ	полу́торыхъ.

полтретьи́, two and a half.

	Singular.		Plural.
	Masc. and Neut.	Fem.	For all genders.
N.	полтретьи́	полтретьи́	полу́третьи
A.	полу́третья	полу́третьи	полу́третьихъ
G.	полу́третьи	полу́третьи	полу́третьихъ
D.	полу́третью	полу́третьѣ	полу́третьимъ
I.	полу́третьимъ	полу́третьею	полу́третьими
L.	полу́третьѣ	полу́третьѣ	полу́третьихъ.

The Russian language has also collective numerals, e. g. шѣтеро, five of them; десятеро, ten of them; насъ сѣмеро, we are seven, etc. The ordinals are used in the apocopated form with самъ; thus, самъ четвёртъ, with three others. Cf. the Greek τέταρτος αὐτός. This expression, however, is unknown to O. S.

The following examples will be useful to the learner to explain the mode in which some of the numerals are used, and their position in the sentence, which is sometimes peculiar:—

Находящійся въ верстахъ пяти отъ Ст. Крыма, finding himself (or being) about five versts from Stary Krim.

До ста человѣкъ, amounting to a hundred men.

Пятидесяти-шести лѣтъ отъ роду, fifty-six years old (lit. from birth).

Умершій въ шестидесятыхъ годахъ, having died in the sixties.

На тысячу галеръ, on a thousand galleys.

Черезъ два съ половиною мѣсяца, after two months and a half.

Которое число было вчера? what day of the month was it yesterday?

THE HOURS OF THE DAY.

Въ три четверти десятаго, a quarter to eleven.

Мы съ трудомъ прибыли въ городъ Островъ въ девять съ половиною часовъ вечера, we came with difficulty into the town of Ostrov at half-past nine in the evening.

Въ половинѣ шестаго, at half-past five. Cf. German *halb sechs*.

Сегодня часу въ шестомъ, to-day at six o'clock.

Государь ложился въ десять часовъ, the Emperor lay down at ten o'clock.

Три четверти третьяго часа пополудни, at a quarter to four in the afternoon.

Разъ по шести въ день, six times a day.

THE FORMATION OF WORDS.

FRACTIONS OF NUMERALS.

Двѣ трети, two-thirds.

Такъ какъ въ его элементахъ девять десятыхъ съ Востока, inasmuch as among the elements (of his nature) nine-tenths were Eastern.

Девять сотъ двадцать три тысячи, триста семьдесятъ два, 923, 372.

In the date of the year and compound ordinal numbers generally it is only the last which has an ordinal termination; the others have the cardinal form, as :—

Тысяча восемсотъ восемьдесятъ осьмой годъ, the year 1888.

Under adverbs come such forms as впятеромъ, five together.

PRONOUNS.

PERSONAL.

я, I; ты, thou.

	Singular.			*Plural.*	
N.	я	ты	*N.*	мы	вы
A.	меня	тебя	*A.*	насъ	васъ
G.	меня	тебя	*G.*	насъ	васъ
D.	мнѣ	тебѣ	*D.*	намъ	вамъ
I.	мною (мной)	тобою (тобой)	*I.*	нами	вами
L.	мнѣ	тебѣ.	*L.*	насъ	васъ.

онъ, he; она, she; оно, it.

	Singular.		*Plural.*
	Masc. and Neut.	*Fem.*	*For all genders.*
N.	онъ *m.*, оно *n.*	она	они *m. n.*, онѣ *f.*
A.	его	её	ихъ
G.	его	ея	ихъ
D.	ему	ей	имъ
I.	имъ	ею	ими
L.	нёмъ	ней	нихъ.

The nominative онъ and its corresponding feminine and neuter forms are supplied to the pronoun of the third person from another source; the rest of the cases are, as will be observed, cognate with the suffixes in the oblique cases of the definite adjective.

The oblique cases of these pronouns take the letter н when they are preceded by a preposition, e. g. у него́, with him; къ нему́, to him; съ не́ю, with her; о нёмъ, concerning him; съ ни́ми, with them, etc. But this addition does not take place when the genitive его́, ея́, ихъ serves as a possessive pronoun: e.g. въ его́ до́мѣ, in his house; къ ихъ по́льзѣ, to their advantage. The genitive singular feminine of this pronoun sometimes takes the inflection of the accusative: e. g. я её не люби́лъ, I did not love her (instead of ея) ; у нее instead of у ней, with her, and this sometimes becomes у ней; его and similar pronouns must be placed before the substantive to which they refer, as его́ кни́га, his book.

The Reflexive Pronoun.

N. ———   D. себѣ
A. себя́   I. собо́ю
G. себя́   L. себѣ.

The peculiarity of the reflexive pronoun in the Russian and other Slavonic languages is that it may be employed indiscriminately for all the three persons, and the same may be said of the possessive adjective свой.

The following idiomatic uses of the reflexive pronoun should be noticed :—

Вели́кая Княги́ня была́ прекра́сная собо́ю, the Grand Duchess was handsome; само собо́ю поня́тно, it is clear in itself.

The enclitic forms of the personal pronoun which are found

in the other Slavonic languages are wanting in Russian, with the exception of ся in the accusative, used with verbs: this also becomes сь when used after any inflexion of the verb which terminates in a vowel, as боюсь, I fear. This enclitic always follows the verb and is found attached to it.

Possessive Pronouns.

мой, mine.

	Singular.			Plural.
Masc.	Fem.		Neut.	For all genders.
N. мой	моя́		моё	мои́
A. моего́, мой	мою́		моё	мои́хъ
G. моего́	мое́й		моего́	мои́хъ
D. моему́	мое́й		моему́	мои́мъ
I. мои́мъ	мое́ю		мои́мъ	мои́ми
L. моёмъ	мое́й		моёмъ	мои́хъ.

In this way are declined твой, свой. If an adjective goes with the noun, мой is more often put between the adjective and the noun. Ме́жду тѣмъ бу́ду имѣть смѣлость ско́ро представить на судъ вашъ слабый мой переводъ, meanwhile I shall take the liberty of submitting to your judgment my weak translation.

нашъ, our.

	Singular.			Plural.
Masc.	Fem.		Neut.	For all genders.
N. нашъ	на́ша		на́ше	на́ши
A. на́шего	на́шу		на́шего	на́шихъ
G. на́шего	на́шей		на́шего	на́шихъ
D. на́шему	на́шей		на́шему	на́шимъ
I. на́шимъ	на́шею		на́шимъ	на́шими
L. на́шемъ	на́шей		на́шемъ	на́шихъ.

In the same way is declined вашъ, your.

Demonstrative Pronouns.

тотъ, that.

	Singular.			Plural.
Masc.	*Fem.*		*Neut.*	*For all genders.*
N. тотъ	та		то	тѣ
A. того́, тотъ	ту		то	тѣхъ, тѣ
G. того́	той, то́й		того́	тѣхъ
D. тому́	той		тому́	тѣмъ
I. тѣмъ	то́ю, той		тѣмъ	тѣми
L. томъ	той		томъ	тѣхъ.

In the same way is declined этотъ, this.

Idiomatic use of the neuters of этотъ and тотъ, thus:—

За то не знаю ничего отвратительнѣе грузинскихъ старухъ; это вѣдьмы: but I know nothing more repulsive than the Georgian old women; they are witches.

Что это тако́е? what is that[1]?

То и дѣло; as, то и дѣло бѣгаетъ, he does nothing but run.

Ни сё, ни то́, neither this nor that (colloquial).

сей, this.

	Singular.			Plural.
Masc.	*Fem.*		*Neut.*	*For all genders.*
N. сей	сія́		сіе́	сіи́
A. сего́, сей	сію́		сіе́	сихъ
G. сего́	сей		сего́	сихъ
D. сему́	сей		сему́	симъ
I. симъ	се́ю		симъ	си́ми
L. семъ	сей		семъ	сихъ.

---

[1] Cf. also the expression, я хочу́ знать кто вы такой, I wish to know who you are.

RELATIVE AND INTERROGATIVE PRONOUNS.

кото́рый, who.

	Singular.			Plural.
	Masc.	Fem.	Neut.	For all genders.
N.	кото́рый	кото́рая	кото́рое	кото́рые m., or -ыя f. n.
A.	кото́раго	кото́рую	кото́рое	кото́рыхъ, or -ые, -ыя
G.	кото́раго	кото́рой	кото́раго	кото́рыхъ
D.	кото́рому	кото́рой	кото́рому	кото́рымъ
I.	кото́рымъ	кото́рою	кото́рымъ	кото́рыми
L.	кото́ромъ	кото́рой	кото́ромъ	кото́рыхъ.

Also кой, who, which is declined like мой.

чей, belonging to whom, whose.

	Singular.			Plural.
	Masc.	Fem.	Neut.	For all genders.
N.	чей	чья	чьё	чьи
A.	чьего́	чью	чьё	чьихъ, or чьи
G.	чьего́	чьей	чьему́	чьихъ
D.	чьему́	чьей	чьему́	чьимъ
I.	чьимъ	чьею	чьимъ	чьими
L.	чьёмъ	чьей	чьёмъ	чьихъ.

кто, who? he who; что, what? what, that which.

N.	кто	что	D.	кому́	чему́
A.	кого́	что	I.	кѣмъ	чѣмъ
G.	кого́	чего́	L.	комъ	чёмъ.

These last two pronouns have no plural. кто is ordinarily used of persons and что of things. The latter, however, is sometimes used colloquially for кто, not only in Russian but also in the Polish and Chekh languages.

какой, of what kind, such as; Lat. *qualis*.

	Singular.			Plural.
	Masc.	*Fem.*	*Neut.*	*For all genders.*
N.	какой	какая	какое	какіе *m.*, какія *f. n.*
A.	какого	какую	какое	какихъ
G.	какого	какой	какого	какихъ
D.	какому	какой	какому	какимъ
I.	какимъ	какою	какимъ	какими
L.	какомъ	какой	какомъ	какихъ

The interrogative pronouns are also used as relatives. Like какой are declined иной, another; оный, that; нѣкоторый, some; шикакій, any; всякій, each. кто нибудь, some one, only declines кто. To these may be added, никто, nobody; ничто, nothing; нѣкто, somebody; нѣчто, something; to which we must add that if there is a preposition with никто and ничто it is placed between the particle ни and the pronoun, e. g. ни у кого, to nobody; ни къ чему, to nothing; ни за что, for nothing; ни съ кѣмъ, with nobody. нѣкто is explained by Miklosich by не вѣмь кто, I do not know who (вѣмь being an O. S. form lost in modern Russian). It is thus analogous to such expressions as the Greek οὐκ οἶδ᾽ ὅπως. Of нѣчто only the nominative and accusative are in use. другъ друга, each other, is used for the three genders and both numbers; the first part is not declined, the latter is declined like a substantive.

Explanation of some peculiar uses of кто and что:—

кто — кто, one — the other: ежедневно, послѣ роскошнаго завтрака, мы прогуливались, кто верхомъ на конѣ, кто — на ослѣ, другіе въ каретѣ; every day after a luxurious breakfast we made an excursion, one on horseback, another on a donkey, and the rest on a carriage.

Also sometimes кто is used to express whoever: Полевой, Погодинъ, кто бы ни издавалъ журналъ, всё равно; Polevoi, Pogodin, whoever edited the journal, it was all the same.

А мéжду тѣмъ, кто какъ не э́та принцéсса, образéцъ ангéльскаго благочéстія заслýживала ихъ; and meanwhile who, except that princess, a model of angelic devotion, had deserved them.

Also sometimes is equivalent to any one that:—

Кто знáетъ Санскри́тъ мóжетъ имѣ́ть удóбный слýчаи показáть своё знáніе, whoever knows Sanskrit will have a suitable opportunity of shewing his knowledge.

If что is used as a substantive the noun which follows is in the genitive case, as: что тебѣ́ тамъ дѣ́ла? what business have you there?

что in common conversation is also used interjectionally; as, what! why!

Use of какóй, with the adverb либо, as you please:—

Увѣкопѣ́чить его и́мя каки́мъ либо дóбрымъ учрежденіемъ, to immortalise his name by some excellent kind of institution.

THE VERB.

The forms of the Russian verb may be divided as follows:—

(1) Active and passive, transitive, neuter, and reflexive.
(2) Simple and compound, primitive and derived.
(3) Perfective and imperfective.

It is with the last of these three divisions that we shall be more especially concerned. Verbs of this class are said to be arranged according to their aspects, a feature peculiar to the Slavonic languages.

The perfective aspect denotes either that the action has been quite completed or that it will definitely cease. This aspect has no present tense, strictly speaking, but a present form with a future signification; as, скажý, I will tell.

Many of the verbs belonging to this perfective aspect are compounded with prepositions, as просмотрѣть, I have entirely examined. The perfective verbs are again subdivided, either (a) as they denote completion, without regard to the duration of the action, e.g. to do a thing in one or more acts (unconditional perfective verbs); or (β) with reference to the duration of the action (conditional perfective verbs). In the last circumstance the action may be either (a) one, the beginning and end of which are simultaneous, as я зѣвнулъ, I yawned, the action being done rapidly, once for all as it were (these verbs are called by Miklosich momentaneous, and by Russian grammarians the perfect aspect of unity); (β) the action may not have a simultaneous beginning and end, and this class is further subdivided into (1) where the action the completion of which is predicated is a continuous one, or (2) repeated at various times. The first of these Miklosich calls durative perfective, the second iterative perfective.

The imperfective verbs express an action that is not completed, but this may be conceived either (a) as merely continuing, or (b) repeated at various times. The verbs of the first class are called durative, the verbs of the second class iterative. The aspect of a verb can only be determined by a reference to one of the six conjugations to which the verb belongs, due regard being paid as to whether a preposition is prefixed or not. The scheme given on page 40 will assist the student in this matter. It may be observed, however, as a general rule, that iterative verbs end in -ывать and -ѣать, as хáживать, to be in the habit of walking; and verbs denoting momentary action, perfect aspect of unity, in -нуть, as свиснуть, to whistle. Many verbs have no iterative aspect, and when a verb already ends in -шать or -ывать it cannot take one.

Under these two last terminations come words introduced into the Russian language from foreign sources, and thus the termination somewhat corresponds to the German *iren*, as жуи́ровать, Fr. *jouir*, to enjoy; and the new verb now gaining admittance into Russian, бойкоти́ровать, to boycott[1].

There are three moods, the infinitive, indicative, and imperative; and three tenses, the present, past, and future.

Each aspect is regularly conjugated according to its own moods and tenses.

(*a*) The imperfective aspect has all the moods and tenses.

(*b*) The perfective wants the present tense and present participle.

(*c*) The iterative has no present tense, and is also deficient in the imperative mood.

The prepositions which are added to the verbs are very important, and the leading ones are therefore here given, for they have great influence upon the aspects of a verb, as the reader will see by a careful study of the scheme of verbs and their aspects on page 40.

---

[1] It is by this union of perfective and imperfective verbs, that the Slavonic verb is able to make up for the apparent paucity of its tenses. Miklosich shews at some length corresponding ideas in other languages, but perhaps the following examples from the excellent Polish grammar of Professor Smith, of Copenhagen, recently deceased (Grammatik der polnischen Sprache von C. W. Smith. Berlin, 1845), will make the matter clear to the scholar acquainted with the Greek language. Thus in Greek:—

Imperf. τυγχάνω, ἐτύγχανον (stem τύγχαν).
Perf. τεύξομαι, ἔτυχον (stem τυχ-).
Imperf. γιγνώσκω, ἐγίγνωσκον (stem γιγνωσκ).
Perf. γνώσομαι, ἔγνων (stem γνω-).
Imperf. τύπτω, ἔτυπτον (stem τυπτ).
Perf. τύψω, ἔτυπον (stem τυπ).
Imperf. τέμνω, ἔτεμνον (stem τεμν).
Perf. τεμῶ, ἔτεμον (stem τεμ).

We thus see that the imperfective aspect furnishes to the verb (1) the present, (2) the imperfect tenses, while the perfective aspect furnishes (3) the future (in the simple form as opposed to the compounded and artificial future), (4) the aorist.

1. Въ, as a prefix, like the Latin *in*, Greek εἰς, implies entrance into the interior of an object, as влетѣть, to fly into.

2. Возъ, up, Greek ἀνά, as возстать, to arise.

3. Вы, out of (alternating frequently with изъ), as выбрать, to choose.

4. До, to complete an action, as дожить, to live to the end.

5. За, beyond or over, as запасть, to fall behind.

6. Изъ, out of, as избрать, to select.

7. На, carrying the action to the end, as написать, to finish writing.

8. Надъ, upon, as надставить, to place on anything.

9. Объ, shortened sometimes into о, expresses the completion of an action, as ослѣпить, to blind a man entirely.

10. Отъ = from or out, as отказать, to refuse.

11. По, gives a sense of diminution, or now and then, as поблажипать, to play the fool a little.

12. Подъ, expresses underneath, as подписать, to subscribe.

13. При, has frequently the sense of diminished action, as пригорѣть, to burn a little.

14. Про, gives a sense of thoroughness, as проводить, to accompany through.

15. Пере, denotes change, or moving from one place to another, as передумать, to change one's opinion.

16. Разъ, denotes separation, changing the action, like Lat. *re*, as я разлюбить, I have done with loving.

17. Съ, together, as собрать, to collect together.

18. Съ, from, as свести, to take away.

19. У, thoroughness, as уѣхать, to go away entirely.

The following are the original personal suffixes:—

Sing. 1. мь   *Plur.* мъ
      2. шь   те
      3. ть   нтъ.

The original мь has in most cases become у, corresponding

to the O. S. nasal vowel ą; it is preserved, however, in some verbs, e. g. дамъ. The н of the third person plural coalesces with the characteristic vowel of the present into у, corresponding to the O. S. ą: e. g. плету́тъ, дѣлаютъ, O. S. pletąt, djeljąt. The connecting vowel (bindevocal) e is seen in the past participle passive, плет-е-нъ. The verbs of the class marked B which have no present suffix, such as вѣд-, дад-, яд-, ес-, are considered by Miklosich to be remains of an older stage of the language, when the present was formed without e.

The conjugations of the Russian verb will be here arranged according to the system of Miklosich. Before, however, giving the several classes of verbs it will be as well to quote his analysis of the Slavonic verb generally. Each verb has two stems, firstly, the infinitive stem, and, secondly, the present stem.

(1) The Infinitive Stem.

In this the verbs are divided into two classes, according as they add the verbal suffixes immediately to the root, or add them to a root or a noun or a verbal stem by means of one of the following suffixes: ną [1], e, i, a, ua (ova).

Putting these two together we may say that verbal stems are divided into six classes :—

(a) stems without suffixes.
(b) ną-stems.
(c) ê-stems.

(d) i-stems.
(e) a-stems.
(f) ova-stems.

We thus have the verbs divided into six chief classes. These again may be regarded from the point of view of (1) those which have no prefix, (2) those which have a prefix. With reference to their aspects the verbs are thus arranged under the six classes.

---

[1] By ą is expressed the nasal which existed in Old Slavonic, and although now lost, influences the verb and explains the principles of its conjugation.

I. *Without the prefix of a Preposition.*

(*a*) As a rule imperfective, some durative.
(*b*) Perfective, a few inchoative-durative.
(*c*) Durative; when derived from nouns, inchoative-durative.
(*d*) Durative, a few iterative.
(*e*) Those of the second, third, and fourth subdivisions, if primary verbs, are durative; those of the first are durative if derived from nouns (*verba denominativa*); iterative when derived from verbs (*verba deverbativa*).
(*f*) Durative if derived from nouns (*verba denominativa*); iterative when derived from verbs (*verba deverbativa*).

II. *With the prefix of a Preposition.*

(*a*) Perfective.
(*b*) Perfective.
(*c*) In both subdivisions perfective.
(*d*) If a prefix is added to durative verbs they become perfective.
(*e*) Durative verbs on taking a prefix become perfective; iterative verbs by taking a prefix become durative. Verbs of the second subdivision, when they take a prefix, have sometimes two forms of the present. Many iterative verbs on taking a prefix become perfective contrary to rule.
(*f*) *Verba denominativa* are durative, and by taking a prefix become perfective; *verba deverbativa* are iterative, and become durative by taking a prefix [1].

---

[1] The above scheme of verbs, with and without a preposition prefixed, is given so that the student may be able to trace their signification. It is impossible to master this difficult part of Slavonic grammar at the outset; it can only be done by continued reading, and the list here added will assist him.

The suffix of the infinitive is -ть. About seventeen verbs make the infinitive in -чь instead of -ть, a form which is easy to explain on phonetic grounds, as стеречь, to guard; стричь, to shear; беречь, to preserve; запрячь, to fasten; жечь, to burn; лечь, to lie; мочь, to be able, etc.

In some verbs the O. S. -ти is still kept, as пести́, пасти́. These verbs are placed in the first conjugation, and in some of the dialects the suffix is found in other verbs. (2) The suffix of the first past participle active is -вш, as да́вши, having given. (3) The suffix of the second past participle active is -лъ, as далъ, he gave (see page 52); л, however, is sometimes lost. (4) The suffix of the past participle passive is -нъ or -тъ, as знанъ, known; битъ, struck. The participle with the н suffix is most common. Cf. German *gefürchtet* and *geschrieben.* In the compound declension н is doubled, чи́танный, read. (5) The Old Slavonic aorist is gone, a fragment only being left in the particle бы, which is used with the second past participle active to express a condition; this being the ordinary way of rendering the subjunctive mood in Russian.

(2) The Present Stem.

1. The present suffix is -e, which is sometimes absorbed.

2. Imperative. The present e coalescing with the vowel и becomes и: плети́те. When the и of the imperative is unaccented it is weakened to ь, as вѣрь, believe; гото́вь, make ready. The first person plural of the imperative is supplied by the present in perfective verbs, e. g. прочита́емъ. The third sing. imperative is identical with the second: чита́й, read; чита́й онъ, let him read; but it is more in accordance with the idiom of the language to express it by the third person present, preceded by да, as да чита́ютъ, let them read. да is considered by Miklosich to be probably identical with дай, give; пусть, let, may also be used. The second person singular of the imperative is sometimes

used with the personal pronouns of the first and third person, in order to express a condition: e. g. сдѣлай это я, if I should do that; сдѣлай это онъ, if he were to do that: instead of если бы я (or онъ) это сдѣлалъ. Sometimes it acquires almost an optative sense, as Сохрани Богъ, God preserve; Дай Богъ, God grant.

3. The Russian has lost the imperfect.

4. Participle present active has the following suffixes: я, а (after a hissing letter), and чи, and is then indeclinable, being called by some grammarians a gerund: e. g. дѣлая, дѣлаючи, doing; дыша, дышучи, breathing. When declined the suffix is -щій, -щая, -щее; as любящій, loving; кричащій, crying; несущій, bearing.

5. Present participle passive. The suffix is -мъ, as любимъ, loved, with suffix -ый declinable.

According to the present stems the verbs fall into two classes, as the forms of the present are made with the help of the present suffix -e or without it.

A. Conjugation with the Present Suffix.

First class. Stems without suffixes.

1. *Stems which end in* т.

плести́, to braid (stem, плет).

α. Inf. stem, плет. Inf. плести́[1]. Past part. act. I. плётши; II. пло-лъ. Past part. pass. плет-ё-нъ.

β. Pres. stem, плет-е.

	Sing.	*Plur.*
Pres. 1.	плет-у́	плет-ё-мъ
2.	плет-ё-шь	плет-ё-те
3.	плет-ё-тъ	плет-утъ.
Imp. 2.	плет-и́	плет-и́-те.

Pres. part. плети́. Pass. плет-о-мъ*[2].

---

[1] тт, дт have become ст.   [2] Rare forms are marked *.

Peculiar verbs belonging to this conjugation:—рост- loses in second past part. act. the suffix -лъ in the masculine—росъ, росла; also -т in first part. act. росши. ид-, to go, has in infinitive идти́ and итти́. The past part. act. I. and II. are borrowed from шьд-: шедъ, шёлъ, dialect шшелъ. The past part. pass. is иденъ, e. g. обойдёнъ, найдёнъ. сѣд- has in present: сяду, сядешь; imp. сядь, сядьте. чьт-, to consider, borrows all its forms from чтп, according to Paradigm IV, with the exception of the first sing. present and past part. passive: чту, чтенъ. ѣд-, to ride in a vehicle, has its infinitive from ѣха-, and for the imperative поѣзжа́й is generally used, from поѣздить, ѣзжу.

2. *Stems which end in* с.

нести́, to bring (stem, нес).

a. Inf. stem, нес. Inf. нес-ти́. Past part. act. I. нёс-ши; II. нёсъ. Past part. pass. нес-е-нъ.

β. Pres. stem, нес-е-.

	Sing.	*Plur.*
Pres. 1.	несу́	нес-ё-мъ
2.	нес-ё-шь	нес-ё-те
3.	нес-ё-тъ	нес-у́тъ
Imp. 2.	нес-и́	нес-и́-те

Pres. part. act. неся́; pass. несо́-мъ. In the sing. masc. of past part. act. II. лъ falls off: вёзъ, нёсъ.

3. *Stems which end in* б *and* в.

грести́, to row (stem, греб).

a. Inf. stem, греб. Inf. гре-с-ти́. Past part. act. I. грёбши; II. грёбъ. Past part. pass. греб-ё-нъ*.

β. Pres. stem, греб-е.

	Sing.	Plur.
Pres. 1.	гребу́	гребёмъ
2.	греб-ё-шь	греб-ё-те
3.	греб-ё-тъ	греб-у́тъ.
Imp. 2.	греб-и́	греб-и́-те.

Pres. part. act. гребя́; pass. греб-о-мъ*. б falls out in inf. грестъ, скрестъ. As also в, as житъ, to live, живу́. These verbs also lose after п, б in sing. masc., the suffix of past part. act. II. лъ : грёбъ, гребла́.

4. *Stems which end in* г *and* к.

печь, to bake (stem, пек).

α. Inf. stem, пек. Inf. печь. Past part. act. I. пек-ши; II. пек-ъ. Past part. pass. печ-ё-нъ.

β. Pres. stem, пеко.

	Sing.	Plur.
Pres. 1.	пеку́	печ-ё-мъ
2.	печ-ё-шь	печ-ё-те
3.	печ-ё-тъ	пек-у́тъ.
Imp. 2.	пек-и́	пек-и́-те.

Pres. part. act. пек-у́чи; pass. пек-о́-мъ. бѣг- borrows from бѣжа-, according to III. 2, all its forms with the exception of the first person sing. and third plur. present, the imperative, and the pres. part. active : бѣгу́, бѣгу́тъ, бѣги́, бѣги́те, бѣгу́чи. жег-, to burn, keeps е only before ть, ъ, and ши : жечь, жёгъ (but fem. жгла, жёгши); in all other forms it is ejected : жгу, жжешь, etc. стиг- is in the present form стигну, according to II.; in the forms of the infinitive both are current with the prepositions до, на, при, про : дости́чь, дости́гнутъ. толк- has in the infinitive толчь; in past part. act. II. толо́кши occurs for то́лкши.

THE FORMATION OF WORDS.

5. *Stems which end in* н.

жать, to reap (stem, жьн).

a. Inf. stem, жьн. Inf. жать. Past part. act. I. жапъ; II. жать. Past part. pass. жать.

β. Pres. stem, жьне.

	Sing.	Plur.
Pres. 1.	жн-у́	жн-ё-мъ
2.	жн-ё-шь	жн-ё-те
3.	жн-ё-ть	жн-у́ть.
Imp. 2.	жн-и́	жни́те.

Pres. part. act. жну́чи; pass. жно́мъ. Other similar infinitives are дуть, ять, клять, or more often клясть, with an inorganic с.

6. *Stems which end in* р *and* л.

умере́ть, to die (stem, мр).

a. Inf. stem, мр. Inf. умере́-ть. Past part. act. I. уме́рши; II. у́меръ; past part. pass. тер-ть [1].

β. Pres. stem, мре.

	Sing.	Plur.
Pres. 1.	умр-у́	умр-ё-мъ
2.	умр-ё-шь	умр-ё-те
3.	умр-ё-ть	умр-у́ть.
Imp. 2.	умр-и́	умр-и-те.

Pres. part. act. тручи; pass. тр-о-мъ*.

The following verbs are conjugated according to this paradigm :—вере́ть, подпере́ть, пере́ть, стере́ть, and стерть, тере́ть;

---

[1] The past part. pass. of this verb is wanting; that from тере́ть. to rub, is supplied to shew the form. For the past у́меръ, we get in the dialects по́меръ.

молоть, to grind, for O. S. млѣти¹; полоть for O. S. плѣти; in the present, мелю, мелешь, полю, полешь. The past part. act. II. loses the suffix лъ: умеръ, подперъ. мл has мололъ for O. S. млѣлъ. The perfect part. passive is formed by тъ: e. g. подпертъ, мототь, тертъ.

7. *Stems which end in a vowel.*

бить, to strike (stem, би).

a. Inf. stem, би. Inf. бить. Past part. act. I. бивъ; II. билъ. Past part. pass. битъ.

β. Pres. stem, би-j²-е.

	Sing.	*Plur.*
Pres. 1.	бь-j-у (ю)	бь-ё-мъ
2.	бь-ё-шь	бь-ё-те
3.	бь-ё-тъ	бь-j-утъ (бьютъ)
Imp. 2.	бей	бе-й-те.

Pres. part. active, би-j-а (я); pass. бі-емъ. The hiatus is avoided by (*a*) j, as зна-j-у, знаю; ду-j-у, дую: (*b*) в, as плыву́, слыву́. рю changes ю in ев: реву́, реви, ревучи. Before preiotized vowels и goes into ь, ы into о: бью for бию, мою for мыю; but бри- has брѣю. гни- and чи- keep и: гнію, почію. пѣ- has пою, пой, пол. ста- and дѣ- borrow the present form from II.: ста́ну, дѣ́ну. сты-, for which also стыну, according to II. borrows the present from this stem. бы- has буд-, according to I. 1. забы- has in past part. pass. the regular form забы́ть; переплы-, переплыть; зна-, знать, and знанъ. The infinitive чуть of the root чу- is used adverbially in certain forms of expression, as едва чуть, мало чуть. There are also the participles чулъ, почулъ, and the verbal чутье.

---

¹ This development of a vowel between the liquids *l* and *r* and the consonants with which they come in contact is called полногласіе, in Greek ἀνάπτυξις, ...

² Introduced to avoid hiatus.

SECOND CLASS. nȣ-STEMS.

двйнуть, to move (stem, двйну).

a. Inf. stem, двйну. Inf. двйнуть. Past part. act. I. двйну-в-ши;
II. двйну-л. Past part. pass. двйну-ть.

β. Pres. stem, движ-е-.

	Sing.	Plur.
Pres. 1.	движ-у	движ-е-мъ
2.	движ-е-шь	движ-е-те
3.	движ-е-тъ	движ-утъ.
Imp. 2.	движь	движьте.

Pres. part. act. движ-ущ; pass. тйг-о-мъ. This form is supplied, as the pres. part. pass. is wanting, to the verb движуть.

In past part. act. II. the syllable ну frequently disappears. Thus we get поблекъ for поблекъть, instead of поблекнуть; so also погасъ, погибъ, озябъ, etc. Cf. Greek δείκ-νυ-μι, fut. δείξω.

THIRD CLASS. ê-STEMS.

First Group. умѣть, to know (stem, умѣ).

a. Inf. stem, умѣ. Inf. умѣть. Past part. act. I. умѣвъ; II. умѣлъ. Past part. pass. умѣ-нъ*.

β. Pres. stem, умѣе.

	Sing.	Plur.
Pres. 1.	умѣ-ю	умѣ-е-мъ
2.	умѣ-е-шь	умѣ-е-те
3.	умѣ-е-тъ	умѣ-ютъ.
Imp. 2.	умѣ-й	умѣ-йте.

Pres. part. act. умѣ-я; pass. разумѣ-емъ.

имѣ-, to have, belongs to this paradigm.

Second Group. горѣть, to burn (stem, горѣ).

a. Inf. stem, горѣ. Inf. горѣть. Pres. part. act. I. горѣвъ; II. горѣлъ. Past part. pass. горѣ-нъ*, as in горѣние.

β. Pres. stem, гори-е.

	Sing.	Plur.
Pres. 1.	горю́	гори́-мъ
2.	гори́-шь	гори́-те
3.	гори́-тъ	горя́тъ.
Imp. 2.	гори́	гори́-те.

Pres. part. act. горя́; pass. терпи́-мъ[1]. хотѣ- has in the present: хочу́, хо́чешь, хо́четъ; хоти́мъ, хоти́те, хотя́тъ; imp. хоти́, хоти́те; pres. part. act. хотя́. спа-, to sleep, borrows the infinitive forms from спа-, спать; pres. сплю, спишь. видѣ-, to see, has in imperative вишь for вижь.

FOURTH CLASS. i-STEMS.

хвали́ть, to praise (stem, хвали).

α. Inf. stem, хвали. Inf. хвали-ть. Past part. act. I. хвали́въ; II. хвали́лъ. Past part. pass. хвал-е-пъ.

β. Pres. stem, хвали-е.

	Sing.	Plur.
Pres. 1.	хвалю́	хва́ли-мъ
2.	хва́ли-шь	хва́ли-те
3.	хва́ли-тъ	хва́лятъ.
Imp. 2.	хвали́	хвали́те.

Pres. part. act. хваля́; pass. хва́ли-мъ.

FIFTH CLASS. a-STEMS.

First Group. дѣлать, to make (stem, дѣла).

α. Inf. stem, дѣла. Inf. дѣлать. Past part. act. I. дѣлавъ; II. дѣлалъ. Past part. pass. дѣланъ.

β. Pres. stem, дѣла-j-е.

	Sing.	Plur.
Pres. 1.	дѣла-ю	дѣла-е-мъ
2.	дѣла-е-шь	дѣла-е-те
3.	дѣла-е-тъ	дѣла-ютъ.
Imp. 2.	дѣлай	дѣла-й-те.

---

[1] Supplied from the verb терпѣть, to endure, to shew form.

THE FORMATION OF WORDS.

Pres. part. act. дѣлая; pass. дѣла-е-мъ. сказыва-, помазыва-, and similar verbs have the present stem in ывае and ye.

Second Group.

писать, to write (stem, писа).

a. Inf. stem, писа. Inf. писа́-ть. Past part. act. I. писа́-в-ъ; II. писа́-лъ. Past part. pass. писа-нъ.

β. Pres. stem, пиши-е.

	Sing.	*Plur.*
Pres. 1.	пишу́	пи́ше-мъ
2.	пи́шешь	пи́ше-те
3.	пи́ше-тъ	пи́ш-утъ.
Imp. 2.	пиши́	пиши́-те.

Pres. part. act. пиша́; pass. пи́ш-е-мъ. In this conjugation, when the и of the imperative is weakened to ь, the euphonic л is lost; e. g. сыпь, instead of сыплъ.

Third Group.

брать, to take (stem, бра).

a. Inf. stem, бра. Inf. брать. Past part. act. I. бра-въ; II. бра-лъ. Past part. pass. брать.

β. Pres. stem, бер-е.

	Sing.	*Plur.*
Pres. 1.	беру́	бер-ё-мъ
2.	бер-ё-шь	бер-ё-те
3.	бер-ё-тъ	бе́р-утъ.
Imp. 2.	бери́	бер-и́-те.

Pres. part. act. бер-у́щ (pass. зов-о́-мъ, to shew form).

Besides брать there is also the form братъ. стен- has in the first sing. pres. стешю́, according to V. 2; also сто́ну, сто́нешь, сто́нетъ; сто́немъ, сто́нете, сто́нутъ.

Fourth Group.

сѣять, to sow (stem, сѣя).

a. Inf. stem, сѣя. Inf. сѣ-я-ть. Past part. act. I. сѣ-явъ;
II. сѣ-я-лъ. Past part. pass. сѣянъ.

β. Pres. stem, сѣ-и-е.

	Sing.	Plur.
Pres. 1.	сѣю	сѣ-е-мъ
2.	сѣ-е-шь	сѣ-е-те
3.	сѣ-е-тъ	сѣ-ютъ.
Imp. 2.	сѣй	сѣ-й-те.

Pres. part. act. сѣя; pass. сѣ-е-мъ.

Дава- borrows its present tense from для: длю; the pres. participles active and passive are дая, діемъ.

SIXTH CLASS. ova (ua) STEMS.

купова́ть, to buy (stem, купова).

a. Inf. stem, купова. Inf. куп-ов-а-ть. Past part. act. I. купов-а-въ; II. куп-ов-а-лъ. Past part. pass. куп-ов-а-лъ.

β. Pres. stem, купу́-i-e.

	Sing.	Plur.
Pres. 1.	купу́-ю	купу́-е-мъ
2.	купу́-е-шь	купу́-е-те
3.	купу́-е-тъ	купу́-ютъ.
Imp. 2.	купу́-й	купу-́й-те.

Pres. part. act. купуя; pass. купу-е-мъ.

We have in many of these verbs two forms occurring, as ска́зываю and скажу́, ука́зываю and укажу́, etc.

B. Conjugation without the Present Suffix.

1. Stem, вѣд (cognate with вѣдать, to know).

There are but few fragments of this verb preserved, besides those in dialects; e. g. Богъ вѣсть, God knows. The imperative is chiefly used as an adverb: вѣдь, probably, without doubt.

2. Stem, дад (cognate with дать, to give).

	Sing.	Plur.
Pres. 1.	да-мъ (fut. signification)	да́д-и-мъ
2.	да-шь	да́д-и-те
3.	дас-тъ	дад-утъ.
Imp. 2.	дай	да-й-те.

3. Stem, яд (ѣсть, to eat; cf. яства, food).

	Sing.	Plur.
Pres. 1.	ѣмъ	ѣд-и-мъ
2.	ѣшь	ѣд-и-те
3.	ѣстъ	ѣд-ятъ.
Imp. 2.	ѣшь	ѣшь-те.

Pres. part. act. ѣдя; pass. ѣд-о-мъ.

4. Stem, ес (used as pres. of быть, to be).

	Sing.	Plur.
Pres. 1.	есмь	ес-мы
2.	еси	ес-те
3.	ес-ть	с-утъ.

For the O. S. нѣстъ the form нѣтъ is used, and is the ordinary particle of negation.

Tense, Mood, Voice.

The poverty of the Russian language in its tense-system will be easily seen from the paradigms which I have given. There is in reality only one past tense, which is a participle from which the verb 'to be' has dropped off, although it may be seen fully preserved in Chekh and partially in Polish. Hence it is inflected according to gender, thus:—

я двигалъ, ла, ло, I moved.　　опо двигало, it moved.
ты двигалъ, ла, ло, thou didst move.　　мы двигали, we moved.
　　　　　　　　　　　　　вы двигали, ye moved.
онъ двигалъ, he moved.　　они двигали, they moved.
она двигала, she moved.

In this tense the subject must always be expressed, to avoid confusion.

In some grammars we find a pluperfect introduced which is formed by the second past participle and the past tense of бываю used adverbially: thus, я бывало двигалъ, I had moved. It is doubted, however, by Miklosich whether this is a genuine pluperfect. The future active is expressed by (*a*) the present of perfective verbs; (*b*) by the union of the infinitive of imperfective verbs, (*a*) with буду : буду двигать, I will move ; (*β*) with the present of стать : стану двигать. The *futurum exactum* is wanting in the modern language. A future participle is wanting in Russian also, the only verb which can claim one being быть, to be, fut. будущій. The third person singular of the imperative is made by adding да or пусть to the third person singular and plural of the present tense. Sometimes the second person imperative is irregularly used. Cf. дай Богъ.

The Subjunctive Mood. This is formed by adding the particle бы—which is a fragment of the Old Slavonic aorist, a tense lost in modern Russian—to the second past participle, as:—

Читать бы, если бы умѣть, I should read, if I understood.

Вы бы меня чрезвычайно одолжили, you would greatly oblige me.

Во что бы ни стало, under all circumstances.

Тогда не знаю что бы было а было бы по то, then I do not know what might happen, but it would not be that.

The Passive Voice is expressed either (*a*) by the reflexive verb, as домъ стро́ится, the house is being built; на э́той сторонѣ пи́шется то́лько а́дресъ, on this side only the address is written (this is the form most agreeable to the Slavonic languages); or (*b*) rarely by the verb 'to be,' with the passive participle, present or past, in the apocopated form, as я былъ верну́тъ, I was turned. Every verb has a verbal substantive, e. g. движе́ніе, the act of moving.

Impersonal Verbs.

Of these there are many in the language, and sometimes personal verbs are used impersonally by an idiom in which all the Slavonic languages share, as мнѣ хо́чется, I wish, lit. it wishes itself to me; ей не спи́тся, she does not sleep, lit. it does not sleep itself to her; ка́жется, it seems.

Idiomatic uses.

Получи́въ отли́чное дома́шнее воспита́ніе, на кото́рое не жалѣ́лось никаки́хъ средствъ, having received an excellent education, upon which no expenses were spared.

Проро́чество, кото́рое и сбы́лось, a prophecy, which was also fulfilled.

Когда́ онъ имѣлъ встрѣ́чу съ З., меня́ въ Кишенёвѣ не бы́ло, when he had a meeting with Z., I was no longer in Kishenev.

Ей было всего 23 го́да отъ ро́ду, altogether she was twenty-three years of age.

Не льзя́, it is impossible; frequently written as one word.

Самособо́ю разумѣ́ется, it is self-evident.

Ста́ло, it began: меня́ ста́ло коро́бить отъ него́, I began to feel disgusted with him.

Кото́рый при́нялъ его́ какъ нельзя́ бо́лѣе раду́шно, who received him with the greatest possible delight.

Намъ не уда́лось, we have not succeeded.

Ему надлежи́тъ презира́ть съ терпѣ́ніемъ проти́вности, he must patiently despise disagreeable things.

Мнѣ нра́вится, it pleases me.

Sometimes, however, the Russians use a personal form where we use an impersonal: идётъ дождь, it rains, lit. the rain comes; but on the other hand падётъ is frequently used to express the snow falls, as a common feature in a northern country.

Irregular Verbs.

For the convenience of the student, I have added a list of some of the more common irregular verbs. They can be easily arranged under their proper conjugations.

Брить, to shave : брива́ть, брѣю, брилъ, брѣй, бри́тый.
Дуть, to blow : дува́ть, дую, дулъ, дуй, ду́тый.
Пѣть, to sing : пѣва́ть, пою, пѣлъ, пой, пѣ́тый.
Выть, to howl : вою, вылъ, вой, ...
Крыть, to cover : крыва́ть, крою, крылъ, крой, кры́тый.
Мыть, to wash : мыва́ть, мою, мылъ, мой, мы́тый.
Рыть, to dig : рыва́ть, рою, рылъ, рой, ры́тый.
Бить, to beat : бива́ть, бою, билъ, бей, би́тый.
Шить, to sew : шива́ть, шью, шилъ, шей, ши́тый.
Лить, to pour : лива́ть, лью, лилъ, лей, ли́тый.
Пить, to drink : пива́ть, пью, пилъ, пей, пи́тый.
Жить, to live : жива́ть, живу́, жилъ, живи́, жи́тый[1].
Плыть, to swim : плыва́ть, плыву́, плылъ, плыви́, ...
Слыть, to be reputed : слыва́ть, слыву́, слылъ, слыви́, ...
Брать, to take : бира́ть, беру́, бралъ, бери́, бра́нный.
Звать, to call : зыва́ть, зову́, звалъ, зови́, зва́нный.
Ждать, to wait : ждать, жду, ждалъ, жди, жда́нный.
Жать, to mow : жина́ть, жну, жналъ, жни, жа́тый.
Чать[1] (нача́ть), to begin : чина́ть, чну, чалъ, чни, ча́тый.

---

[1] Only in composition.

Слать, to send : сылать, шлю, слалъ, шли, сланный.
Стать, to become : . . . . , стану, сталъ, станъ, ...
Дать, to give : дамъ, далъ, дай, данный.
Лгать, to tell lies : лыгать, лгу, лгалъ, лги, ...
Гнать, to drive : гоню, гналъ, гони, ...
Быть, to be : есмь, былъ, будь, бытый[1].
Ѣхать, to ride : ѣду, ѣхалъ, поѣзжай.
Бѣжать, to run : бѣгу, бѣжалъ, бѣги.
Хотѣть, to wish : хочу, хотѣлъ, хоти.
Везти, to carry : везу, вёзъ, вези, везённый.
Нести, to bring : несу, нёсъ, неси, несённый.
Трясти, to shake : трясать, трясу, трясъ, тряси, трясённый.
Грестъ, or гребсти, to row : гребать, гребу, грёбъ, греби, гребённый.
Вести, to lead : веду, вёлъ, веди, ведённый.
Класть, to lay : кладывать, кладу, клалъ, клади, кладенный.
Пасть, to fall : паду, палъ, пади, ...
Красть, to steal : крадывать, краду, кралъ, крадь, краденный.
Сѣсть, to sit : сяду, сѣлъ, сядь.
Мости, to sweep : метать, мету, мёлъ, мети, метённый.
Гнести, to press : гнетать, гнету, гнёлъ, гнети, гнетённый.
Цвѣсти, to flower : цвѣтать, цвѣту, цвѣлъ, цвѣти.
Расти, to grow : растать, расту, росъ, расти.
Клясть, to curse : клинать, кляну, клялъ, кляни, клятый.
Итти, to go : иду, шёлъ, иди, (на) идёшный[2].
Ѣсть, to eat : ѣдать, ѣмъ, ѣлъ, ѣшь, ѣденный.
Беречь, to guard, preserve : берегать, берегу, берёгъ, береги, бережённый.
Стеречь, to guard : стерегать, стерегу, стерёгъ, стереги, сторожённый.
Жечь, to burn : жигать, жгу, жёгъ, жги, жжённый.
Лечь, to lie : лягу, лёгъ, лягъ.

---

[1] Only in composition.

Мочь, to be able : могать, могу, могъ, моги́.
Печь, to bake : пекать, пеку, пёкъ, пеки́, печённый.
Течь, to flow : текать, теку, тёкъ, теки́.
Сѣчь, to hew : сѣкать, сѣку, сѣкъ, сѣчённый.
Рочь, or ропщ, to say : реку, рекъ, реки́, речённый.

The Verb быть, to be.

This verb is altogether irregular. The present tense has been already given under classification (B) of those verbs which have no present suffix.

PRESENT TENSE.

Sing.	*Plur.*
1. есмь	есмы́
2. еси́	есте́
3. есть	суть.

PAST TENSE.

1. я былъ-а-о	мы бы́ли
2. ты былъ-а-о	вы бы́ли
3. { онъ, она, оно } былъ-а́-о	{ они, онѣ } бы́ли.

FUTURE.

1. бу́ду	бу́демъ
2. бу́дешь	бу́дете
3. бу́детъ	бу́дутъ.

IMPERATIVE.

1. будь	да будемъ
2. пусть } онъ будетъ	будьте вы
3. да	пускай будутъ.

The participles are :—Pres. будучи; past, бывшій; and future, будущій; быть being the only verb which has a future participle in Russian, as previously mentioned.

The gerunds, as they are called by some grammarians, have been already mentioned under the participles.

(2) UNINFLECTED.

ADVERBS.

Adverbs formed from adjectives admit of degrees of comparison, e.g. умно́, wisely; умнѣ́е, more wisely: поко́рно, humbly; всепокорнѣ́йше, very humbly. The adverb generally ends in -o. The comparative is the same as that of the adjective in the apocopated form, with the exception of the five adverbs—бо́лѣе, more; ме́нѣе, less; до́лѣе, longer; да́лѣе, further; то́нѣе, more finely; which must be distinguished from the adjectives—бо́льше, greater; ме́ньше, less; до́льше, longer; да́льше, more distant; то́ньше, finer.

Besides these there are adverbs of (a) quality or manner:—такъ, thus; хорошо́, well; ху́до, badly; ско́ро, quickly; по своему́, in one's own way; бокъ о бокъ, side by side; вплавь, by swimming, as иска́ть спасе́нія вплавь, to seek safety by swimming; точь-въ-точь, exactly; гро́мко, aloud, as чита́ть гро́мко, to read aloud; стремгла́въ, headlong; такъ и сякъ, this way and that.

(b) Time:—вчера́, yesterday; тогда́, then; наза́дъ, ago, as пе́рвый былъ изданъ года два тому́ наза́дъ, the first volume was published two years ago; спустя́, afterwards, as нѣ́сколько вре́мени спустя́; онъ далъ мнѣ впере́дъ, he gave me in advance; де́нно и но́щно, day and night.

(c) Place:—здѣсь, here; тамъ, there; домо́й, homeward; отту́да, from thence; снару́жи, from the outside; тамъ и сямъ, here and there; доло́й, down, as ша́пки доло́й, hats off!

(d) Quantity:—дово́льно, enough; мно́го, much; опто́мъ и въ ро́знь, wholesale and retail.

(e) Affirmation and negation:—да, yes; нѣтъ, no (according to some, for the O. S. нѣсть is not); ни . . . ни, neither, nor; не, not.

The negative adverb не is used in Russian where it would not be required in English:—Живо помню какъ взоры наши слѣдили пока она не исчезла, I vividly remember how our looks followed her till she disappeared. Но какъ ни просилъ, какъ ни молилъ онъ, мало имѣть вліянія, but however much he entreated and prayed, he had but little influence.

Two negatives do not make an affirmative:—Которое въ Лицеѣ вѣроятно никому въ голову не приходило, which had probably never entered the head of any one in the Lycaeum.

Нѣтъ is sometimes repeated colloquially for greater emphasis, as нѣтъ-какъ-нѣтъ. Under affirmative adverbs may be classed many of the enclitical adverbs employed in popular speech, such as молъ, then; де, said he; дескать, so to say; бишь, then; же, an intensifying particle which corresponds very much to the Greek γε; also съ, which is frequently added to the end of words, as нѣтъ-съ. It has been conjectured that it is shortened from сударь, sir. At one time it was considered a sign of politeness, but is now regarded as vulgar in Russian.

The expression будемте, пойдёмте, occasionally heard in Russian, is explained as follows by Miklosich. Judging from the analogy of the other Slavonic languages, he considers the suffix -те to be in reality the second person of the plural, which has been added to the first person in this irregular manner, perhaps to call the attention of the speaker. (It might thus be compared with our 'you know.') The suffix -ста is added to some words, e. g. знаемъ-ста, but especially to пожалуй-ста, if you please, a word frequently to be heard on the lips of a Russian. Miklosich declares himself to be unable to trace its origin. Another particle is знать, clearly; as, знать участь моя такая, clearly such is my fate.

Ка is also frequently appended to the imperative, pray, now; as, дай-ка анисовой водки, give me some aniseed liqueur; эй Катерина пожалуй-ка, сюда, другъ мой, hey! Kate, come here, my love, if you please.

(f) Interrogative :—гдѣ, where ; куда, whither.

As in all languages, many of the adverbs are merely cases of nouns; thus, кру́гомъ, in a circle; верхо́мъ, on horseback; да́ромъ, gratis; въ торопя́хъ, in haste; на дня́хъ, in a few days, as на дня́хъ бу́ду у васъ, I shall be at your house in a few days; укра́дкою and укра́дкой, stealthily; на цы́почкахъ (or цы́почкахъ), on tiptoe; наизу́сть, by heart. Cf. also such expressions as не смотря́ на, не взирая на, на зло кому́, notwithstanding, in spite of.

Adverbs of manner can also be formed from adjectives by the addition of the preposition по, as по-ру́сски, in the Russian manner; по дру́жески, in a friendly way.

PREPOSITIONS.

In this part of the grammar the cases governed by the prepositions will be only roughly stated, and in a general way; for the more delicate shades of meaning the reader must be referred to the syntax.

Безъ, without; для, for; до, as far as, until; изъ, from; изъ-за, from behind; изъ-подъ, from under; отъ, from out of; ради, for the sake of; and у, at, by, take the genitive.

Къ, to, requires the dative.

Про, of, about; сквозь, through; and чрезъ, through, during, the accusative.

Надъ, upon, requires the instrumental, as does also the adverb ме́жду, or межъ, among, though used occasionally with the genitive.

При, near, in the time of, governs the locative.

За, behind, after, for; подъ, under; and предъ, before, take the accusative when they indicate motion towards an object, and the instrumental when they signify rest.

Въ, in; на, on, against; and о or объ, concerning, about, govern the accusative when motion is implied, and the locative when rest is signified.

Съ governs the genitive, the accusative, and the instrumental. With the genitive it means from; with the accusative, about, of the size of; and with the instrumental, with.

По requires the dative, the accusative, and the locative. With the dative it signifies about; with the accusative, as far as; and with the locative, after.

CONJUNCTIONS.

The following is a list of the principal Russian conjunctions, some of which are also used adverbially:—

А, and, but.

Буде, if, provided.

Будто, будто бы, that, as if: as, мнѣ казалось будто она понимаетъ меня, it seemed to me as if she understood me (observe that a sequence of tenses is not required).

Впрочемъ, as for the rest.

Да, and, but.

Дабы, that, in order that.

Для того, что, because.

Ежели and если, if, which among other moods may be used with the infinitive.

Же or жъ, an intensive particle, frequently suffixed to the word as a kind of enclitic.

И, and, also.

Ибо, because.

Или or илъ, or.

Какъ, as, but.

Которыя суть ши что шое какъ etc., which are nothing else but.

Какъ-то [1], for instance.

---

[1] то is sometimes added to words for emphasis; as, какая-то Англичанка дала намъ свои платья, a certain Englishwoman gave us some of her dresses.

Когда́, when.

Ли or ль, interrogative: as, всё ра́вно ему ли, мнѣ ли-лишь бы это сдѣ́лалось, it is all the same whether for me or him, provided only that thing be done. Sometimes without any sense of interrogation, it signifies whether.

Ли́бо, either, or.

Лишь, just, as soon as.

Не то́лько, но и, not only, but even.

Не́жели, than.

Ни, ниже, neither, nor.

Но, but.

Одна́ко, however.

По сему́, then.

Чѣмъ—тѣмъ: as, чѣмъ скорѣе, тѣмъ лучше и вамъ меньше хло́потъ, the sooner the better, and you will have less trouble.

Потому́ что, because.

Пра́вда, truly.

Пуска́й or пусть, let (used with third person of imperative); see p. 52.

Сколь ни, whatever.

То, then [1], particle of emphasis.

Того́ ра́ди, therefore.

То́лько and токмо, only (the latter is the form used in O. S.): as, онъ только что вы́шелъ въ отста́вку, he had only just retired.

Хотя́, though.

Хотя́ бы, even though.

Что, that.

Что́бы or чтобъ, that, in order that; to express purpose.

Some peculiar uses of these conjunctions will be explained more fully in the Syntax.

---

[1] See note, p. 60.

INTERJECTIONS.

Many of these are hardly of sufficient importance to be introduced into a grammar. The following, however, may be mentioned:—

Ура, га, expressing joy.

Ахъ, охъ, увы́, ахти, expressing pain; увы́ being used in poetry to express our 'alas!'

Ай, ухъ, ой indicate fear.

Тфу, aversion.

Уфъ, fatigue.

Ну, ну́же are used to encourage: as, ну, тащи́ся си́вка, hey! pull on, grey mare!

Сть, тсь, to demand silence.

Эй, гей, to call.

Вотъ, lo: as, вотъ хоро́шая кни́га, lo! here is an excellent book.

Испола́ть, well done, like Lat. *macte virtute*, takes the dative: as, испола́ть молодцу́, well done, young man!

Цыпъ, hush!

Прочь, be gone: as, прочь тѣнь ужа́сная, прочь ло́жный при́зракъ, hence, horrible shadow! unreal mockery, hence!

PART IV. SYNTAX.

THE CONCORDS.

These are the same as in other languages. It must be remembered, however, that where the adjective is used as a predicate it is put in the apocopated form and the verb 'to be' may be omitted, as я нездоро́въ, I am unwell. For politeness, when the second person plural вы is employed, the adjective is also in the plural.

The third person singular of the substantive verb is used in the present tense, instead of the plural, when it comes first in the sentence, e.g. есть у меня́ де́ньги, I have money; есть лю́ди не признаю́щіе, there are people who do not acknowledge.

Nouns of multitude sometimes take the plural, as но большинство́ хоте́ли употребля́ть наси́ліе, but the majority wished to use force. So also бо́льшая часть пасажи́ровъ взя́ты имъ, the greater part of the passengers were taken by him.

THE NOUN.

A noun, or adjective used as a noun, may be put in apposition to another: as, миръ пра́ху твоему́ вели́кій умъ, и́стинный рабо́тникъ и, гла́вное, че́стный челове́къ; peace to thy ashes, great soul, true worker, and, what is chief of all, honest man!

The genitive case is used:—

(a) After the verb, when it has a partitive sense: as, дай мнѣ воды́, give me some water; and under this partitive sense must come such expressions as всего́, altogether: as, Крыло́ва я ви́дѣлъ всего́ оди́нъ разъ, I saw Krilov only once altogether; всего́ съ 4000 жи́телей обо́его по́ла, with 4000 inhabitants of both sexes all included.

(b) After the verb, when there is a negative in the sentence: as, у насъ нѣтъ хлѣба, we have no bread; and it must be remembered that in Russian two negatives do not make an affirmative.

(c) To designate the years, the months, and the day of the month: as, трéтьяго дня, the day before yesterday; двадцать сéдьмаго Іюнія, тысяча восемсóтъ восемдесятъ сéдьмаго гóда, the twenty-seventh of June, one thousand eight hundred and eighty-seven. The reader must carefully note what parts of this sentence are inflected, and will find much irregularity.

(d) The apparent genitive after два, три, and четыре has already been explained as being the remains of a dual (vide supra, p. 25). It is only mentioned here because this erroneous view, in spite of the case in which the accompanying adjective is put, still finds a place in grammars.

(e) After adverbs of quantity: as, скóлько насъ? how many of us?

(f) After the adjectives достóйный, worthy; пóлный, full; чýждый, strange to; and the adverb жаль, it is a pity; e.g. я чуждъ сегó мнѣнія, I am a stranger to this opinion.

(g) With verbs expressing rule, desire, search, expectation, fear, privation, touch, cost, etc., as:—

Бояться днéвнаго свѣта, to fear the light of day.

Строго держáться выше означéннаго áдреса, to observe carefully the above-mentioned address.

Недостáтокъ мѣста намъ не позволяетъ даже всколзь коснýться тѣхъ причинъ, want of space does not permit me even cursorily to touch upon these causes.

Чудесá вызванныя могýчимъ мановéніемъ Петрá стóили Россíи десятковъ тысячъ человѣческихъ жертвъ, the marvels evoked by the powerful instigation of Peter cost Russia ten thousand human victims.

Cf. also with the noun, цѣнá 12 мáрокъ, price 12 marks.

Вотъ до какóй стéпени раздýли дѣло не стóившее какъ это

оказалось потомъ выѣденнаго яйца, see to what an extent they exaggerated this affair, which afterwards, as it seemed, was not worth an eggshell.

Ожидала она минуты, she awaited the minute.

(*h*) The genitive expresses quality: as, всѣ они были поведенія хорошаго, all were of good conduct.

(*i*) After adjectives and adverbs in the comparative, when not followed by a conjunction: as, сокровища драгоцѣннѣйшія золота, treasures more precious than gold. If 'than' is expressed by нежели or чѣмъ the same case goes after it as before it: as, У меня больше дураковъ, нежели умныхъ, I have more fools than wise men with me; Императрица переноситъ дорогу лучше чѣмъ можно было ожидать, the Empress bears the journey better than might have been expected. They may also be used with verbs: as, прежде нежели могли ему въ томъ воспрепятствовать, and before they could stop him. Чѣмъ is also sometimes used after adjectives: as, орѳографія имени другая чѣмъ въ остальныхъ надписяхъ, the orthography of the name is different from that in the remaining inscriptions. Какъ is also sometimes used to express than, perhaps more often colloquially than in good prose; it is found, however, in the latter, as:—

Я буду въ Москвѣ не прежде какъ въ концѣ декабря, I shall not be at Moscow earlier than the end of December.

Не ранѣе какъ шесть лѣтъ спустя, no earlier than six years afterwards.

Они звали его не иначе какъ отцомъ роднымъ, they styled him no other than their natural father.

(*j*) The genitive follows the noun to which it is an attribute: as, Исторія Россіи, the history of Russia [1].

---

[1] Instead of a noun following in the genitive case an adjective is frequently used: thus, каштанская дочка, the captain's daughter; отеческій домъ, the house of my father.

The dative is used after:—

(*a*) Verbs signifying gifts or anything profitable to a person, and the reverse, command or prohibition, compliance or opposition: as, дайте мнѣ книгу, give me the book; достать мнѣ, to procure for me. The verbal nouns formed from these verbs take the dative in the same way: thus, подражать Байрону, to imitate Byron; подражаніе Байрону, the imitation of Byron.

(*b*) With many verbs used impersonally, according to an idiom of the Russian language previously alluded to, see p. 53: e. g. въ это время ей разъ ночью снилось, at that time she once dreamed at night; мнѣ хочется ѣсть, I want to eat.

(*c*) With adjectives expressing advantage or detriment, utility and pleasure, or the reverse: as, жить прилично своему состоянію, to live suitably to one's condition (cf. Lat. *dativus commodi*).

The accusative is used:—

(*a*) As the ordinary case after the verb to express the object. Verbal nouns derived from verbs which take the accusative require the genitive.

(*b*) Extent or dimension, both of time and place: as, мать кашляетъ всю ночь, the mother coughs the whole night; онъ проѣхалъ версту, he has gone a verst.

Nothing need be remarked concerning the vocative case. As stated on p. 12, it has almost disappeared from the modern Russian language.

The instrumental case is used (*a*) to express the instrument or agent: as, я моюсь водою, I wash myself with water; книга написана моимъ учителемъ, the book was written by my master.

The agent is occasionally expressed by the preposition отъ governing the genitive: as, Дарій побѣжденъ былъ отъ Александра, но убитъ отъ рабовъ своихъ, Darius was conquered by Alexander, but killed by his own slaves.

(*b*) There is also what has been appropriately termed the

predicative use of the instrumental. This is very frequent in the Slavonic languages, and is where a surname or quality is assigned to an object; it expresses the appellation which we apply to a thing, the regard in which we hold it, some modification which it has undergone. But we cannot say in Russian, онъ былъ его брáтомъ, he was his brother.

The following instances will fairly illustrate the use of the predicative instrumental:—

Его зовýтъ Ивáномъ, they call him John.

Оказáлись весьмá плохи́ми, they appeared very bad.

Счита́емъ нели́шнимъ замѣ́тить, we think it not superfluous to remark.

The instrumental has other peculiar uses in Russian which can best be illustrated by examples:—

Здѣсь мы должны́ лечь кóстьми нáшими, here we must lay our bones, lit. lie with our bones.

Спалъ крѣ́пкимъ сномъ, he slept a deep sleep.

Не смотря на свои преклóнныя лѣта онá до сихъ поръ ещё облада́етъ прекрáсною пáмятью, in spite of her advanced years, even till this time she possesses a fine memory.

Пýшкинъ очень дорожи́лъ мнѣ́ніемъ э́той дáмы, Pushkin valued very much the opinion of that lady.

Я пóльзуюсь э́тимъ слýчаемъ, I take this opportunity.

Стоя́лъ Мéншикову кóстью въ гóрлѣ, he was a bone in the throat to Menshikov.

It is also sometimes used to express points of time, as:—

Сегóдня вéчеромъ, this evening.

Днемъ рабóтать, нóчью спать, to work by day, to sleep by night.

The locative case is only used with certain prepositions, as has already been explained, and on this account it has been called by some grammarians the prepositional case.

THE VERB.

A few words are necessary to explain some idiomatic uses of the verb, with which the student will occasionally meet.

Instead of the third person of the imperative the second is often used: as, Дай Богъ, God grant (see p. 42).

Родись она мужчиной, она была бы человѣкомъ государственнымъ, if she had been (lit. let her be) born a man, she would have been a statesman.

As in other Slavonic languages, we have the neuter past participle used with a case, the accusative of the object or genitive, where it stands for the accusative, with which Miklosich (Vergleichende Grammatik d. Slav. Sprachen, IV. 365) very rightly compares such expressions as the Greek ἀσκητέον ἐστὶ τὴν ἀρετήν. The following examples will fully explain its use:—

Такой красавицы не видано и не слыхано, such a beauty has not been seen or heard of.

Такого дома нигдѣ не видано, such a house has nowhere been seen.

Построено тамъ три терема, three chambers for women were built there.

При учрежденіи Государственнаго Совѣта онъ сдѣланъ его членомъ, on the establishment of the Imperial Council he was made a member (of it).

The supine, which is found in O. S., has disappeared in modern Russian.

The infinitive is often used for the imperative (cf. French use): as:—

Я готовился оправдываться. 'Ваше сіятельство.' 'Молчать,' вскричалъ графъ. I prepared to excuse myself. 'Your Excellency.' 'Silence,' said the Count.

Спросить у кучера, enquire of the coachman.

Пожаловать въ чинъ, give him a position in the Civil Service.
Быть по сему (form of Imperial Rescript).

Although each verb in Russian has a corresponding noun, we find the infinitive used as a noun, as in other languages, as:—

Имѣть товарища въ напасти есть нѣкоторое утѣшеніе, to have a companion in misfortune is a certain consolation.

Гдѣ мнѣ его найти? where can I find him?

Uses of the Impersonals было and бывало.

1. Было (a) with an infinitive denotes necessity: as, мнѣ было страдать, I had to suffer.

(b) With the past tense of the perfective aspect it denotes an action about to be accomplished: as, я собрался было спать, I was just going to sleep.

2. Бывало gives the idea of being in the habit of doing a thing: as, скажетъ бывало колкую эпиграмму, he is in the habit of uttering a bitter epigram.

The following sentences will illustrate the uses of these phrases:—

Какъ горько онъ сѣтуетъ на революцію которая остановила было развитіе, how bitterly he laments the revolution, which was about to stop its development.

Имя Сербовъ или Сербо-Хорватовъ, означаетъ цѣлое племя, которое стали было называть въ послѣднее время, иллирійскимъ, the name of Serbs, or Serbo-Croats, signifies a whole race, which in the latter days they were about to call Illyrian.

In place of the verb 'to be' the Russians often employ a tense of the verb стоять, to stand.

Another verb used idiomatically is стать, to begin: as, домъ нашъ сталъ наполняться близкими и знакомыми, our house began to become filled with our neighbours and acquaintances.

The Sequence of Tenses.

The reader will observe that there is considerable laxity in the sequences of tenses in Russian, past and present tenses being constantly mixed up. The following sentences will help him to understand the laws of the language in this respect:—

Демидовъ отвѣчалъ что попробуетъ, но за успѣхъ не ручается, Demídov replied that he would make the attempt, but would not answer for its success.

И онъ не оставитъ своихъ что бы ни случилось съ нимъ, and he would not leave his people, whatever happened to him.

Жуковскій проситъ меня, чтобъ я тебѣ написалъ, Zhukovski asks me to write to you.

Purpose besides the past tense can also be expressed in Russian by the infinitive, as:—

Что же вы дѣлали чтобъ убить время? what did you do to kill time?

Садись, садись, чтобъ намъ потолковать о глупостяхъ, sit down, sit down, so that we may have a talk about nonsensical things.

PREPOSITIONS.

The use of the prepositions involves great difficulties. In this respect the Russian language greatly resembles the Greek, to which it exhibits a strong parallel, as combining both a high degree of synthesis and a great use of particles.

The cases which the prepositions govern have already been specified under Part III (Formation of Words); it remains for us to notice in the Syntax the chief peculiarities of their use. They will be taken in alphabetical order:—

Безъ, without, G.

Безъ сомнѣнія, without doubt.

Безъ малаго годъ, almost a year.

19 Ноября во 11 час. безъ десяти минутъ утра, Александра не стало, November 19, at 10 minutes to 11 A.M., Alexander was no more.

Въ (во), in, A., L.

Позабылъ въ половину, he half forgot.

У котораго онъ тогда былъ въ гостяхъ, with whom he was then staying.

Увѣренъ въ себѣ, confident in oneself.

Шутки въ сторону, joking apart.

Не нуждаются въ моихъ поясненіяхъ, they do not stand in need of my explanations.

Онъ зналъ его въ лицо, he knew him personally.

Смѣшай во едино, mix together.

Слово въ слово, word for word.

Игралъ въ карты, he played at cards.

Дать мнѣ въ займы, to lend me.

Въ, when used with reference to time generally, more often takes the accusative, as въ послѣднее время, latterly. We get, however, such phrases as театръ былъ набитъ биткомъ въ этотъ вечеръ, the theatre that evening was full to overflowing.

Въ свою очередь, in his turn.

Часу во второмъ пополудни, at two o'clock in the afternoon.

Захохоталъ во все горло, he laughed heartily, *a gorge deployée*.

Въ вѣкъ, for ever.

Онъ вышелъ въ люди, he became known.

Нашёлся онъ принужденнымъ скакать отъ нихъ во всю мочь, he found himself obliged to get away from them as fast as he could.

Опредѣлилъ въ должность, he appointed to the duty.

Не скрывайте отъ нея въ чёмъ дѣло, do not hide from her what the matter is.

Для, for, G., as для меня, for me.

До, as far as, G.

Я сожалѣю что до сихъ поръ не успѣлъ, I am sorry that up to this time I have not succeeded.

Дурна́ до невѣроя́тія, (a woman) bad to incredibility, i. e. incredibly bad.

До́жилъ до глубо́кой ста́рости, he lived to a great age.

Не до смѣха бы́ло, it was not a matter for laughter.

Ви́жу что тебѣ́ тепе́рь не до меня́, I see that I am in the way just now.

Продолже́ніе э́того рома́на до нельзя́ су́хо, the continuation of this novel is inconceivably dry.

Гора́ до того́ высока́ что ви́дна съ мо́ря верстъ за 50, the mountain is so high that it is seen about fifty versts from the sea.

Пу́шкинъ посѣти́лъ его́ за день или за два до свое́й дуэ́ли съ Да́нтесомъ, Pushkin visited him a day or so before his duel with Dantes.

Я охо́тникъ до . . . . I am fond of . . . .

За, behind, after, for, A., I.

Поче́лъ за долгъ донести́, thought it his duty to report.

Мы отъ смѣха держа́лись за бока́, we held our sides with laughter.

Пи́сьма за весьма́ немно́гими исключе́ніями пи́саны на францу́зскомъ языкѣ́, the letters, with a very few exceptions, are written in the French language.

Заплати́ть за, to pay for.

Въ по́искахъ за нимъ, in search for him.

Бы́ло гораздо за по́лночь когда́ мы возврати́лись въ Дре́зденъ, it was considerably past midnight when we returned to Dresden.

Бру́но былъ сожжёнъ за́ живо, Bruno was burnt alive.

За, with the instrumental, signifies after: as, вслѣдъ за Волы́нскимъ, immediately after Volinski.

Что это за чудакъ? what odd person is this? This phrase Miklosich considers to have been borrowed from the Germans.

Я сидѣлъ за книгой, I sat with a book.

Съ которымъ я имѣлъ случай познакомиться за годъ до того въ Берлинѣ, with whom I accidentally became acquainted a year before this in Berlin.

Лѣтъ за сорокъ, for forty years.

За достовѣрность послѣдней догадки не ручаюсь, for the accuracy of the latter guess I do not answer.

За ужиномъ, at dinner.

За столъ, at table.

Онъ тогда ухаживалъ за дамой, на которой впослѣдствіи женился, he was then paying his suit to the lady, whom he afterwards married.

За глаза, behind a man's back; въ глаза, in his presence.

Такъ шли день за днёмъ, thus passed day by day.

Я вамъ очень благодаренъ за тотъ случай, I am very thankful to you for that circumstance.

Изъ, out of, G.

Первый изъ знатныхъ, the first of illustrious men.

Изъ-за, from behind, G.

Изъ-за моря, beyond the sea.

Изъ-подъ, from underneath, G.

Изъ-подъ бѣлыя берёзы, from under the white birch.

Къ (ко), to, D.

Къ with the dative is equivalent to 'to,' or 'into:' as, вступить въ силу, it came into force.

Прицѣнивался къ пистолетамъ, he asked the price of some pistols.

Но къ большинству ихъ, чуть ли не ко всѣмъ, but to the greater part of them, almost to all.

Къ сожалѣнію, unfortunately.

На, on, against, A., L.

This preposition presents more peculiarities in its use than almost any other.

На зло, in spite of: as, увѣряю васъ, что уединéніе въ сáмомъ дѣлѣ вещь óчень глу́пая, на зло всѣмъ философамъ и поэ́тамъ, I assure you that solitude is really a very stupid affair, in spite of all the philosophers and poets.

Переселѝться на житьё, to settle for life.

Лѣтъ на дéсять егó молóже, ten years his junior.

А вамъ на что? and what business is it of yours?

Грѣхъ въ э́томъ лежи́тъ на Свиньинѣ, the fault in this matter lies with Svinyin.

Кни́га на ру́сскомъ языкѣ, a book in the Russian language.

На другóй день, on the second day.

Жа́ловался на головну́ю боль, he complained of a headache.

Въ сѣ́рый сюртучёкъ, скрóмно застёгнутый на всѣ пу́говицы, и съ залóженными въ карма́ны рука́ми, in a grey overcoat, carefully buttoned up, and hands thrust in the pockets.

Онъ сѣлъ на англíйскій парохóдъ, he took his passage on an English steamer.

Я сѣлъ съ мои́мъ шта́бомъ на конéй, I got on horseback with my staff.

Просидѣ́лъ у негó въ кварти́рѣ всю ночь на пролётъ, I used to stay with him in his lodgings the whole night at a stretch.

Отстоя́щія отъ гóрода верстъ на три́дцать, situated thirty versts from the town.

Гóродъ óчень краси́вый, похóжій на Ярослáвль; a town very handsome, resembling Yaroslavl.

Въ статьѣ́, на котóрую онá ссылáется, in the article to which she refers.

Убѣди́вшись, что нельзя́ бóлѣе надѣ́яться на Сéрбію, being convinced that I could no longer rest any hopes on Serbia.

Шу́тки на счётъ Потёмкина, jokes at the expense of Potemkin.

Счита́я ну́жнымъ отвѣчáть въ настоя́щемъ письмѣ́ на нѣ́которыя мы́сли изложенныя въ э́той статьѣ́, thinking it necessary to answer in the present letter to some of the thoughts contained in this essay.

Въ сердца́хъ другъ на дру́га, angry with each other.

На нашу до́лю вы́пала ра́дость, joy fell to our lot.

На примѣ́ръ, for example.

Такъ бу́дучи уже́ ста́рше шестна́дцати лѣтъ, онъ, на всёмъ скаку́ упа́лъ съ ло́шади, че́резъ ей го́лову, и такъ си́льно уда́рился тѣ́ломъ о зе́млю, что на всю жизнь оста́лся суту́ловатымъ. Но несмотря́ на всё это онъ всегда́ былъ здоро́въ и крѣ́покъ. Thus when he was past sixteen years of age he tumbled over his horse's head, going at full speed, and fell on his back with such violence on the earth that he remained all his life deformed, but in spite of all this was always healthy and strong.

Разъ на всегда́, once for all.

Это испыта́лъ на себѣ́ Мура́вьевъ, that Muraviev experienced in his own case.

Указа́лъ на цѣ́ль, I informed him of the object.

На, occasionally used to express a specified time: as, Кра́ссъ заня́лъ де́ньги на два мѣ́сяца, Crassus borrowed the money for two months.

Вы серди́лись на меня́, you were angry with me.

Жизнь его виси́тъ на волоскѣ́, his life hangs on a hair.

На друго́й день сме́рти Царе́вича, on the second day after the death of the Tsarevich.

За́перъ за собо́ю на ключь две́ри, he shut the doors after him and locked them (lit. on the key).

Надъ, надо, upon, g., i.

Эми́ль Золя́ рабо́таетъ въ настоя́щее вре́мя надъ но́вымъ рома́номъ, E. Zola is working at the present time on a new novel.

На́до мно́ю смѣя́лись, they laughed at me.

По слу́чаю побѣ́ды одержа́нной на́шимъ фло́томъ надъ Туре́цкимъ, on the occurrence of the victory gained by our fleet over the Turkish.

Отъ, from, G.

Мои друзья были внѣ себя отъ радости, my friends were beside themselves with joy.

Я была сильно взволнована мыслью что смерть такъ близко отъ меня, I was very much agitated with the thought that death had been so near me.

Великій князь отъ него отвернулся, the Grand Duke turned away from him.

Чехи были отъ русскаго императора и его храбраго войска въ восторгѣ, the Chekhs were in ecstasy on account of the Emperor and his brave army.

Зависать отъ, to depend upon a person.

Передъ, or предъ, before, A., I.

Только передъ тѣми подписчиками, only in the case of those subscribers.

Заслуга Пушкина передъ Россіею, the services of Pushkin to Russia.

Я въ долгу передъ ... I am in debt to any one.

По, about, until, after, D., A., L.

По неизвѣстнымъ причинамъ, for unknown reasons.

Стрѣлять по непріятелямъ, to fire at the enemy.

По слухамъ, by hearsay (also по наслышкѣ).

Я посѣщалъ его раза по три въ недѣлю, I visited him three times a week.

По мужѣ (applied to a woman), according to her married name.

Ему обѣщали выгнать его по шеѣ изъ дому, they promised to drive him headlong out of doors (lit. by the neck).

Продолжаетъ по прежнему принимать въ васъ искреннее участіе, he continues as before to take a true interest in you.

Меншикову было это не по сердцу, this was not agreeable to Menshikov.

Оставилъ по случаю болѣзни, he left on the occasion of illness.

Подъ, under, A., I.
> Подъ рядъ, in succession.
> Подъ хмелькомъ, in a fuddled state.
> Онъ взялъ его подъ руку, he took his arm.

При, near, in the time of, L.
> При прощаніи, at the time of saying good-bye.
> При Царѣ Ѳедорѣ Ивановичѣ, in the time of the Tsar Feodore Ivanovich.
> Кровь приходитъ въ движеніе при одномъ воспоминаніи, the blood is stirred at the mere recollection of it.
> Болѣнъ при смерти, sick to death.

Про, concerning, A.
> Онъ говорилъ про себя, he talked to himself.
> Повторялъ про себя, he repeated to himself.
> Пѣсня про царя Ивана Васильевича, молодаго опричника и удалаго купца Калашникова, song concerning the Tsar Ivan Vasilievich, the young oprichnik, and the bold merchant Kalashnikov (title of a poem by Lermontov).

Съ, since, with, G., A., I.
> Съ мѣсяцъ уже, already months ago.
> Съ которымъ не видался 12 лѣтъ, whom he had not seen for twelve years.
> Покончивъ съ дѣлами, having finished with the matters.
> Лѣтъ сорока съ небольшимъ, a little more than forty years of age.
> Два съ половиною мѣсяца, two months and a half.
> Пріѣхавшій съ визитомъ, having arrived on a visit.
> Закричалъ на него ни съ того, ни съ сего, he cried out against him without any reason (lit. neither for this nor that).
> Что съ вами? what is the matter?
> Ко мнѣ подошёлъ мужчина лѣтъ 45, въ усахъ и съ просѣдью, a man came to me, about 45 years of age, with moustaches, and rather grey.

Съ моей ногой значительно лучше, with my foot it is considerably better.

Съ хорошимъ состояніемъ, in good circumstances.

Прошло съ недѣлю, a week passed.

Съ недѣлю или двѣ, a week or two ago.

Когда я сказалъ имъ, что со мною случилось, when I told them what had happened to me.

Государь пригласилъ сенаторовъ прогостить съ недѣлю въ Гатчинѣ, the Emperor invited the senators to stay for a week at Gatchina.

Съ намѣреніемъ, on purpose.

Съ ума онъ сошёлъ, he has gone out of his mind.

Онъ занимался философіею, былъ знакомъ со всѣми мыслящими и учёными людьми Москвы, he occupied himself with philosophy, and was acquainted with all the thinking and learned people of Moscow.

Съѣстные припасы, мебель, и посуда продавались съ аукціона, the provisions, furniture, and the plates and dishes were sold by auction.

У, at, by, G.

Like the French *chez*: однажды былъ онъ у Греча, once he was at the house of Gretch.

Чёрезъ, or чрезъ, through, or in the course of, A.

Чёрезъ два года послѣ, in the course of two years afterwards.

Часа черезъ полтора, in the course of an hour and a half.

Черезъ часъ съ небольшимъ, in a little more than an hour.

The following adverbs are also used as prepositions. They all take the genitive:—

Близь, near.

Вдоль, along.

Вмѣсто, instead of.

Внутрь and внутри, inside.

Внѣ, outside of.

Вóзлѣ, beside.

Вопрекú, in spite of.

Крóмѣ, except.

Мéжду and межъ, among: онъ пребогáтый между всѣми купцáми, he is the richest of all the merchants.

Мúмо, in front of, by the side of.

Sometimes in composition with по: as, напечáтано помúмо Пýшкина, printed without reference to Pushkin.

Назадú, behind.

Насупротúвъ, opposite, over against.

Óколо, round, round about, about.

Óколо полунóчи тётка читáла вслухъ вечéрнія молúтвы, about midnight my aunt read the evening prayers.

Óколо этого врéмени, about that time.

Óколо гóрода, round the outskirts of the town; вокрýгъ гóрода, round the parts of the town.

Óкрестъ, around, round about.

Опрúчь, except.

Повéрхъ, above, upon.

Пóдлѣ, beside, near.

Позадú and позáдь, behind.

Пóслѣ, after: as, обыкновéнно пóслѣ взаúмнаго рукопожáтія, generally after the mutual shaking of hands; онъ остáлся пóслѣ отцá четырéхъ лѣтъ, he was four years of age at his father's death.

Прéжде, before: as, прéжде нéжели моглú ему въ томъ воспрепятствовать, and before they could stop him at it.

Прóтивъ or протúву, against.

Сверхъ, besides, in addition.

Сзáди or созадú, from behind.

Средú and средь, among: as, средú велúкаго нарóда, among a great people.

ORDER OF WORDS IN A SENTENCE.

I shall add a few remarks on this subject, but far more will be learnt by careful reading and imitating the style of a good piece of Russian prose than by laying down any general rules.

(1) The adjective goes before the noun in Russian: as, чернобрóвая женá, the black-browed wife.

(2) Cardinal numbers generally go before the substantive: as, емý отъ рóду семьдесятъ лѣтъ, he is seventy years old; when it is put afterwards it expresses an approximate number: as, емý отъ рóду лѣтъ сéмьдесятъ, he is about seventy years old.

(3) The pronoun is frequently placed before the verb that governs it: as, женá тебѣ клáняется, my wife presents her compliments to you (lit. bows to you); онъ самъ уви́дитъ что этого пользя́ сдѣлать, he himself sees that it is impossible to do this.

(4) The personal pronouns are often omitted with the present tense of the verbs and also the imperative mood, but they must be used with the past tenses to avoid confusion.

(5) The verb should not be put at the end of the sentence, unless special emphasis is required.

The following sentence has been quoted, as giving many of the peculiar Russian rules of construction and the position of the participles:—

11-го іюля сегó гóда не стáло рýсскаго человѣка всю своюю жизнь посвяти́вшаго служéнію интерéсамъ Сѣвера Россíи,—края никогда не обращáвшаго на себя́ надлежáщаго внимáнія ни рýсскаго óбщества, ни дáже лицъ, у влáсти стоя́вшихъ.

On the 11th of July of this year a Russian had ceased to exist who during his whole life had devoted his services to the interests of Northern Russia, a country which has never drawn proper attention to itself, neither from Russian society nor even from those in power.

READING LESSONS.

Всѣ дѣвушки здѣшней деревни заглядывались на любезнаго Жана: всѣ молодые люди засматривались на милую Лизету.

Послѣ обѣда поѣхали мы въ наёмной коляскѣ къ водопаду, до котораго отъ города будетъ около двухъ верстъ.

Пробывъ у пастуховъ два часа, пошёлъ я далѣе, безпрестанно спускаясь съ горъ.

Съ того времени она уже рѣдко посѣщаетъ землю, и рѣдко бываетъ видима оку смертнаго.

Теперь 4-е января (стараго стиля), день ясный и тёплый; солнце свѣтитъ съ прекраснаго голубаго неба.

На южномъ берегу Тунскаго озера возвышается старый замокъ Шпицъ, который принадлежалъ нѣкогда Бубенбергской фамиліи, древнѣйшей и знатнѣйшей въ Бернской Республикѣ.

Нравъ имѣлъ онъ весёлый, говорилъ коротко и остроумно, и любилъ въ разговорахъ употреблять острыя шутки; къ отечеству и друзьямъ своимъ былъ вѣренъ.

Лишь только изъ за стола встали и я подошёдъ къ окну, увидѣлъ вашу карету: то не сказавъ никому, выбѣжалъ къ вамъ навстрѣчу, обнять васъ отъ всего сердца.

Воспомнимъ одинъ только примѣръ Пожарскаго и Минина, когда по гласу сего простаго купца, по единому извѣщенію его о бѣдствіяхъ согражданъ, безчисленное воинство, жертвуя состояніемъ своимъ и собою, стеклось добровольно для избавленія Москвы.

О ми́лыя у́зы оте́чества, родства́ и дру́жбы! Я васъ чу́вствую, не смотря́ на отдале́ніе—чу́вствую, и лобыза́ю съ нѣ́жностію!

Сей ку́бокъ ча́дамъ дре́внихъ лѣтъ!
Вамъ сла́ва, на́ши дѣ́ды!

———•———

ПРОХО́ЖІЙ И ГО́РЛИЦА.

Прохо́жій.
Что такъ печа́льно ты ворку́ешь на кусто́чкѣ?
Го́рлица.
Тоску́ю по моёмъ дружо́чкѣ.
Прохо́жій.
Не у́же ль онъ тебѣ невѣ́рный измѣни́лъ?
Го́рлица.
Ахъ, нѣтъ! стрѣло́къ его́ уби́лъ.
Прохо́жій.
Несча́стная! страши́сь и ты его́ руки́!
Го́рлица.
Что ну́жды! вѣдь умру́ жь съ тоски́.

Дми́тріевъ.

———•———

ПѢ́СНЯ.

Всѣхъ цвѣто́чковъ бо́лѣ
Ро́зу я люби́лъ;
Е́ю то́лько въ по́лѣ
Взо́ръ мой весели́лъ.

Съ ка́ждымъ днемъ милѣ́е
Мнѣ она́ была́;
Съ ка́ждымъ днемъ алѣ́е
Всё какъ вновь цвѣла́.

Но на щастье прочно
　Всякъ надежду кинь:
Къ розѣ, какъ нарочно,
　Привилась полынь.

Роза не увяла—
　Тотъ же самый цвѣтъ;
Но не та ужъ стала:
　Аромата нѣтъ!

Хлоя! какъ ужасенъ
　Этотъ намъ урокъ!
Сколь, увы! опасенъ
　Для красы порокъ!

　　　　　　　　　Дмитріевъ.

АДЕЛИ.

Играй, Адель,
Не знай печали.
Хариты, Лель
Тебя вѣнчали.
И колыбель
Твою качали.
Твоя весна
Тиха, ясна:
Для наслажденья
Ты рождена.
Часъ упоенья
Лови, лови!
Младыя лѣта
Отдай любви
И въ шумѣ свѣта
Люби, Адель,
Мою свирѣль.

　　　　　　　　　Пушкинъ.

ЮРО́ДИВЫЙ.

Среди́ ихъ на па́лочкѣ верхо́мъ ѣздитъ юро́дивый мужъ, ста́рецъ, по и́мени Никола́й, ука́зывалъ Царю́ на питья́, на я́ства, хохота́лъ и гро́мко говори́тъ: 'Ива́нушка, Ива́нушка! поку́шай хлѣ́ба-со́ли, а не человѣ́ческой кро́ви!' Царь слу́шалъ обѣ́дню въ собо́рномъ хра́мѣ, и оди́нъ воше́лъ въ ке́лію, гдѣ обита́лъ юро́дивый? Никола́й пода́лъ ему́ кусо́къ сыра́го мя́са. 'Ты подпива́ешь меня́ мя́сомъ, и позабы́лъ, что тепе́рь вели́кій постъ!' сказа́лъ Царь. 'Ѣшь мя́со, Царь Ива́нъ: ты пожира́ешь люде́й; чего́ же боя́ться поста́, гро́зно отвѣ́чалъ ему́ свято́й мужъ, и въ поучи́тельной бесѣ́дѣ умили́лъ се́рдце Царя́, такъ, что онъ неме́дленно вы́ѣхалъ изъ Пско́ва, не казни́лъ никого́, взялъ то́лько казну́ изъ монастыре́й, нѣ́сколько колоколо́въ, книгъ, у́тварей и отпра́вился въ Москву́.'

Полево́й.

СМЕРТЬ МА́ТЕРИ.

На парохо́дѣ меня́ встрѣ́тили съ каки́мъ то зловѣ́щимъ почётомъ и съ соверше́ннымъ молча́ніемъ. Самъ капита́нъ дожида́лся меня́; всё это совсѣ́мъ не въ обы́чаяхъ, я ждалъ чего́ нибу́дь ужа́снаго. Капита́нъ сказа́лъ мнѣ, что ме́жду о́стровомъ Іе́ръ и Матери́комъ, парохо́дъ на кото́ромъ была́ моя́ мать столкну́лся съ други́мъ и поше́лъ ко дну, что больша́я часть пасажи́ровъ взя́ты имъ и други́мъ парохо́домъ ше́дшимъ ми́мо. У меня́, сказа́лъ онъ, то́лько двѣ молоды́я дѣ́вушки изъ ва́шихъ, и пове́лъ меня́ на пере́днюю па́лубу—всѣ разступи́лись съ тѣмъ же мра́чнымъ молча́ніемъ. Я шёлъ безсмы́сленно, да́же не спра́шивалъ ничего́. Племя́нница мое́й ма́тери гости́вшая у ней, высо́кая стро́йная дѣ́вушка лежа́ла на па́лубѣ съ растрёпанными и мо́крыми волоса́ми во́злѣ ней го́рничная ходи́вшая за Ко́лей уви́дя меня́, молода́я дѣ́вушка хотѣ́ла припо́днаться, что́ то сказа́ть, не могла́; она́ рыда́я, отверну́лась въ другу́ю сто́рону.

—Что-же это наконе́цъ? Гдѣ они́?—спроси́лъ я болѣ́зненно схвати́вши ру́ку го́рничной.

— Мы ничего не знаемъ, отвѣчала она, пароходъ потонулъ—насъ замертво вытащили изъ воды. Какая-то Англичанка дала намъ свои платья чтобъ переодѣться.

Капитанъ грустно посмотрѣлъ на меня, потрясъ мою руку и сказалъ: 'Отчаяваться не надо, съѣздите въ Іер, быть можетъ и найдёте кого нибудь изъ нихъ. Поручивъ Э. и Франсуа больныхъ, я поѣхалъ домой въ состояніи какого-то ошеломленія; всё въ головѣ было смутно и дрожало внутри, я желалъ, чтобъ домъ нашъ былъ за тысячу верстъ. Но вотъ блеснуло что-то между деревьевъ, ещё и ещё; это были фонарики зажжённые дѣтьми. У воротъ стояли наши люди, Тата и Natalie съ Олею на рукахъ.

— Какъ это ты одинъ?—спросила меня спокойно Natalie, да ты хоть бы Колю привёзъ.

— Ихъ нѣтъ—сказалъ я—съ ихъ пароходомъ, что-то случилось, надобно было перейти на другой, тотъ не всѣхъ взялъ—Луиза здѣсь.

— Ихъ нѣтъ!—вскрикнула, Natalie.

— Я теперь только разглядѣла твоё лицо: у тебя глаза мутны, всѣ черты искажены. Бога ради! что-такое?

— Я ѣду ихъ искать въ Іер.

Она покачала головой и прибавила.

— Ихъ нѣтъ! ихъ нѣтъ! потомъ молча приложила лобъ къ моему плечу. Мы прошли аллеей не говоря ни слова; я привёлъ её въ столовую: проходя, я шепнулъ Роккѣ: 'Бога ради, фонари,' онъ пошёлъ меня и бросился ихъ тушить. Въ столовой всё было готово—бутылка вина стояла во льду; передъ мѣстомъ моей матери букетъ цвѣтовъ; передъ мѣстомъ Коли—новыя игрушки. Страшная вѣсть быстро разнеслась по городу и домъ нашъ сталъ наполняться близкими знакомыми, какъ Фогтъ, Тесье, Х——, Орсини, и совсѣмъ посторонними; одни хотѣли узнать; другіе показать участіе, третьи совѣтовать всякую всячину, большей частію вздоръ. Но не буду неблагодаренъ: участіе, которое мнѣ тогда оказали въ Ниццѣ, меня глубоко тронуло. Передъ такими безсмысленными ударами судьбы, люди просыпаются и чувствуютъ свою связь.

Герценъ.

ПѢСНЯ АТАМАНА.

Что отуманалась, зоренька ясная,
    Пала на землю росой?
Что ты задумалась, дѣвица красная—
    Очи блеснули слезой?

Жаль мнѣ покинуть тебя, чернобокую!—
    Пѣвень ударилъ крыломъ,
Крикнулъ,—ужъ полночь—дай чару глубокую
    Вспѣнь поскорѣе виномъ!

Время—веди ты коня мнѣ любимаго
    Крѣпче держи подъ уздцы,
Ѣдутъ съ товарами въ путь изъ Касимова
    Муромскимъ лѣсомъ купцы.

Есть для тебя у нихъ кофточка шитая
    Шуба на лисьемъ мѣху:
Будешь ходить ты вся златомъ облитая
    Спать на лебяжьемъ пуху. . . .

Много за душу свою одинокую
    Много нарядовъ куплю . . .
Я-ль виноватъ что тебя, чернобокую,
    Больше чѣмъ душу люблю.

                         Вельтманъ.

ПѢСНИ.

Май на дворѣ—Началися посѣвы
    Пахарь поётъ за сохой . . .
Снова внемлю вамъ, родныя напѣвы,
    Съ той же глубокой тоской!

Но не одно гореванье тупое,
    Плодъ безконечныхъ скорбей,—

Мнѣ уже слышится что-то иное
Въ пѣсняхъ отчизны моей.

Льются смѣлѣй заунывные звуки
Полные силъ молодыхъ.
Многихъ годовъ пережитыя муки
Грозно скопились въ нихъ. . . .

Пусть тебя, Русь, одолѣли невзгоды,
Пусть ты — унынья страна . . .
Нѣтъ, я не вѣрю, что пѣсни свободы
Этимъ полямъ не дана!

Апухтинъ.

СОНЪ.

Я находился въ томъ состояніи чувствъ и души, когда существенность, уступая мечтаніямъ, сливается съ ними въ неясныхъ видѣніяхъ первосонья. Мнѣ казалось, буранъ еще свирѣпствовалъ, и мы еще блуждали по снѣжной пустынѣ. . . . Вдругъ увидѣлъ и ворота и въѣхалъ на барскій дворъ нашей усадьбы. Первою мыслію моею было опасеніе, чтобъ батюшка не прогнѣвался на меня, за невольное возвращеніе подъ кровлю родительскую и не почелъ бы его умышленнымъ ослушаніемъ. Съ безпокойствомъ я выпрыгнулъ изъ кибитки и вижу: матушка встрѣчаетъ меня на крыльцѣ съ видомъ глубокаго огорченія. 'Тише, говоритъ она мнѣ: отецъ боленъ при смерти и желаетъ съ тобою проститься.' Пораженный страхомъ, я иду за нею въ спальню. Вижу, комната слабо освѣщена: у постели стоятъ люди съ печальными лицами. Я тихонько подхожу къ постели: матушка приподнимаетъ пологъ и говоритъ: 'Андрей Петровичъ, Петруша пріѣхалъ; онъ воротился, узнавъ о твоей болѣзни, благослови его.' Я сталъ на колѣна и устремилъ глаза мои на больнаго. Что жъ? . . . Вмѣсто отца моего вижу, въ постели лежитъ мужикъ съ черной бородою, весело на меня поглядывая. Я въ недоумѣніи оборотился къ матушкѣ, говоря ей:

Что это значитъ? Это не батюшка. И къ какой мнѣ стати просить благословенія мужика? 'Всё равно, Петруша,' отвѣчала мнѣ матушка: 'это твой посажёный отецъ: поцѣлуй у него ручку и пусть онъ тебя благословитъ.' Я не соглашался, тогда мужикъ вскочилъ съ постели, выхватилъ топоръ изъ-за спины и сталъ махать во всѣ стороны. Я хотѣлъ бѣжать—и не могъ; комната наполнилась мёртвыми тѣлами; я спотыкался о тѣла и скользилъ въ кровавыхъ лужахъ. Страшный мужикъ ласково меня кликалъ, говоря: 'Не бойсь, подойди подъ моё благословеніе.' Ужасъ и недоумѣніе овладѣли мною. И въ эту минуту я проснулся; лошади стояли; Савельичъ держалъ меня за руку, говоря.

— Выходи, сударь, пріѣхали!

Пушкинъ.

ЧЁРНАЯ ШАЛЬ.

Гляжу какъ безумный, на чёрную шаль,
И хладную душу терзаетъ печаль.

Когда легковѣренъ и молодъ я былъ
Младую Гречанку я страстно любилъ!

Прелестная дѣва ласкала меня;
Но скоро я дожилъ до чёрнаго дня.

Однажды я созвалъ весёлыхъ гостей!
Ко мнѣ постучался презрѣнный Еврей.

Съ тобою пируютъ (шепнулъ онъ) друзья;
Тебѣ жъ измѣнила Гречанка твоя.

Я далъ ему злата и проклялъ его,
И вѣрнаго позвалъ раба моего.

Мы вышли: я мчался на быстромъ конѣ
И кроткая жалость молчала во мнѣ.

Едва́ я завидѣлъ Гречанки порогъ
Глаза́ потемнѣли, я весь изнемо́гъ.

Въ поко́й отдалённый вхожу́ я оди́нъ —
Невѣрную дѣву лобза́ть Армя́нинъ.

Не взвидѣлъ я свѣта! була́тъ загремѣлъ
Прерва́ть поцѣлуя злодѣй не успѣлъ.

Безгла́вное тѣло я до́лго топта́лъ,
И мо́лча на дѣву, блѣднѣя, взира́лъ.

Я по́мню моле́нья, теку́щую кровь —
Поги́бла Греча́нка погибла любо́вь.

Съ главы́ ея мёртвой сня́лъ чёрную шаль,
Отёръ я безмо́лвно крова́вую сталь.

Мой рабъ, какъ наста́ла вече́рняя мгла,
Въ дунайскія во́лны ихъ бро́силъ тѣла́.

Съ тѣхъ поръ не цѣлу́ю преле́стныхъ оче́й
Съ тѣхъ поръ я не зна́ю весёлыхъ ноче́й!

Гляжу́ какъ безу́мный на чёрную шаль
И хла́дную ду́шу терза́етъ печа́ль.

Пу́шкинъ.

СТАРОСВѢТСКІЕ ПОМѢЩИКИ.

Я о́чень люблю́ скро́мную жизнь тѣхъ уединённыхъ владѣтелей отдалённыхъ дереве́нь, кото́рыхъ въ Малоро́ссіи обыкнове́нно называ́ютъ 'старосвѣ́тскими' и кото́рые, какъ дря́хлые живопи́сные до́мики, хороши́ свое́ю простото́ю и соверше́нною противополо́жностью съ но́вымъ гла́денькимъ строе́ніемъ, кото́раго стѣнъ не промы́лъ ещё дождь, кры́ши не покры́ла зелёная плѣ́сень и лишённое штукату́рки крыльцо́ не выка́зываетъ свои́хъ кра́сныхъ кирпичей. Я иногда люблю сойти на минуту въ сферу этой необыкновенно уединённой жизни гдѣ ни одно желаніе не перелетитъ за частоколъ, окружающій небольшой дворикъ, за плетень сада, наполненнаго яблонями и сливами за деревенскія избы, его окружающія, пошатнувшіяся на сторону осѣненныя вербами, бузиною и грушами. Жизнь ихъ скромныхъ владѣтелей такъ тиха, такъ тиха, что на минуту забываешься и думаешь, что страсти желанія и безпокойныя порожденія злого духа, возмущающія міръ вовсе не существуютъ, и ты ихъ видѣлъ только въ блестящемъ, сверкающемъ сновидѣніи. Я отсюда вижу низенькій домикъ съ галлереею изъ маленькихъ почернѣлыхъ деревянныхъ столбиковъ, идущею вокругъ всего дома, чтобы можно было во время грома и града затворить ставни окопъ, не замочась дождёмъ; за нимъ душистая черёмуха, цѣлыю ряды низенькихъ фруктовыхъ деревъ, потопленныхъ багрянцемъ вишень и яхонтовымъ моремъ сливъ, покрытыхъ свинцовымъ матомъ, развѣсистый клёнъ, въ тѣни котораго разостланъ, для отдыха, коверъ; передъ домомъ просторный дворъ съ низенькою свѣжею травкою, съ протоптанною дорожкою отъ амбара до кухни и отъ кухни до барскихъ покоевъ; длинношейный гусь, пьющій воду, съ молодыми и нѣжными, какъ пухъ, гусятами; частоколъ, обвѣшанный связками сушёныхъ грушъ и яблокъ и провѣтривающимися коврами; возъ съ дынями, стоящій возлѣ амбара; отпряжённый волъ, лѣниво лежащій возлѣ него. Всё это для меня имѣетъ неизъяснимую прелесть, можетъ быть, оттого что я уже не вижу ихъ, и что намъ мило всё то, съ чѣмъ мы въ разлукѣ; какъ бы то ни было, но даже тогда, когда бричка моя подъѣзжала къ крыльцу этого домика, душа принимала удивительно пріятное и спокойное состояніе; лошади весело подкатывали подъ крыльцо; кучеръ преспокойно слѣзалъ съ козелъ и набивалъ трубку, какъ будто бы онъ пріѣзжалъ въ собственный домъ свой; самый лай, который поднимали флегматическіе барбосы, бровки и жучки, былъ пріятенъ моимъ ушамъ. Но болѣе всего мнѣ нравились самые владѣтели этихъ скромныхъ уголковъ, старички, старушки, заботливо выходившіе навстрѣчу. Ихъ лица мнѣ, представляются и теперь иногда въ шумѣ и толпѣ среди модныхъ фраковъ, и тогда вдругъ на меня находитъ полусонъ и мерещится былое. На лицахъ у нихъ всегда написана такая доброта, такое радушіе и чистосердечіе, что невольно отказываешься, хотя по крайней мѣрѣ на короткое время, отъ всѣхъ дерзкихъ мечтаній и незамѣтно переходишь всѣми чувствами въ низменную буколическую жизнь.

Гоголь.

СПОРЪ.

Какъ-то разъ, передъ толпою
   Соплеменныхъ горъ,
У Казбека съ Шатъ-горою
   Былъ великій споръ.
'Берегись!' сказалъ Казбеку
   Сѣдовласый Шатъ:
Покорился человѣку
   Ты не даромъ, братъ!
Онъ настроитъ дымныхъ келій
   По уступамъ горъ;
Въ глубинѣ твоихъ ущелій
   Загремитъ топоръ;
И желѣзная лопата
   Въ каменную грудь
Добывая мѣдь и злато
   Врѣжетъ страшный путь.
Ужъ проходятъ караваны
   Черезъ тѣ скалы,
Гдѣ носились лишь туманы
   Да парй-орлы.
Люди хитры! Хоть и труденъ
   Первый былъ скачекъ—
Берегитесь! многолюденъ,
   И могучъ востокъ!

—Не боюся я востока
 Отвѣчать Казбекъ.
Родъ людской тамъ спитъ глубоко
 Ужъ девятый вѣкъ.
Посмотри: въ тѣни чинары
 Пѣну сладкихъ винъ
На узорные шальвары
 Сонный льётъ грузинъ;
И склонясь въ дыму кальяна
 На цвѣтной диванъ,
У жемчужнаго фонтана
 Дремлетъ Тегеранъ.
Вотъ у ногъ Ерусалима,
 Богомъ сожжена
Безглагольна, недвижима
 Мёртвая страна;
Дальше, вѣчно чуждый тѣни,
 Моетъ жёлтый Нилъ
Раскалённыя ступени
 Царственныхъ могилъ.
Бедуинъ забылъ наѣзды
 Для цвѣтныхъ шатровъ
И поётъ, считая звѣзды
 Про дѣла отцовъ.
Всё, что здѣсь доступно оку,
 Спитъ, покой цѣня.
Нѣтъ! не дряхлому востоку
 Покорить меня!—
—'Не хвались ещё заранѣ
 Молвитъ старый Шатъ:
Вотъ на сѣверѣ въ туманѣ
 Что-то видно, братъ!'
Тайно былъ Казбекъ огромный
 Вѣстью той смущёнъ;

И, смутясь, на сѣверъ тёмный
  Взоры кинулъ онъ;
И туда въ недоумѣньѣ
  Смотритъ, полный думъ:
Видитъ странное движенье
  Слышитъ звонъ и шумъ.
Отъ Урала до Дуная
  До большой рѣки,
Колыхаясь и сверкая
  Движутся полки;
Вѣютъ бѣлые султаны,
  Какъ степной ковыль;
Мчатся пёстрые уланы,
  Подымая пыль;
Боевые батальоны,
  Тѣсно въ рядъ идутъ,
Впереди несутъ знамёны,
  Въ барабаны бьютъ:
Батареи мѣднымъ строемъ
  Скачутъ и гремятъ.
И, дымяся, какъ предъ боемъ,
  Фитили горятъ.
И испытанный трудами
  Бури боевой
Ихъ ведётъ, грозя очами
  Генералъ сѣдой.
Идутъ всѣ полки могучи,
  Шумны какъ потокъ,
Страшно медленны какъ тучи,
  Прямо на востокъ.
И томимъ зловѣщей думой,
  Полный чёрныхъ сновъ,
Сталъ считать Казбекъ угрюмой—
  И не счёлъ враговъ.

Грустнымъ взоромъ онъ окинулъ
Племя горъ своихъ
Шапку¹ на брови надвинулъ
И на-вѣкъ затихъ.
.Лермонтовъ.

ЛАВРѢЦКІЙ.

Лаврѣцкій вышелъ изъ дома въ садъ сѣлъ на знакомой ему скамейкѣ и на этомъ дорогомъ мѣстѣ, передъ лицемъ того дома, гдѣ онъ въ послѣдній разъ напрасно простиралъ свои руки къ завѣтному кубку, въ которомъ кипитъ и играетъ золотое вино наслажденья, онъ, одинокій бездомный странникъ, подъ долетавшіе до него веселые клики уже замѣнившаго его молодаго поколѣнія, оглянулся на свою жизнь. Грустно стало ему на сердцѣ, но не тяжело и не прискорбно: сожалѣть ему было о чёмъ, стыдиться— нечего. 'Играйте, веселитесь, растите, молодыя силы.' Думалъ онъ, и не было горечи въ его думахъ: жизнь у васъ впереди, и вамъ легче будетъ жить, вамъ не придётся, какъ намъ, отыскивать свою дорогу, бороться, падать и вставать среди мрака; мы хлопотали о томъ, какъ бы уцѣлѣть—и сколько изъ насъ не уцѣлѣло! А вамъ надобно дѣло дѣлать работать, и благословеніе нашего брата, старика будутъ съ вами. А мнѣ, послѣ сегодняшняго дня, послѣ этихъ ощущеній, остаётся отдать вамъ послѣдній поклонъ, и, хотя съ печалью, но безъ зависти, безо всякихъ тёмныхъ чувствъ, сказать, въ виду конца, въ виду ожидающаго Бога: 'здравствуй, одинокая старость! догорай, безполезная жизнь!'

Лаврѣцкій тихо всталъ и тихо удалился; его никто не замѣтилъ никто не удерживалъ; веселые клики сильнѣе прежняго раздавались въ саду, за зелёной сплошной стѣной высокихъ липъ. Онъ сѣлъ въ тарантасъ и велѣлъ кучеру ѣхать домой и не гнать лошадей.

.Тургеневъ.

---

¹ The mountaineers call the clouds, with which the top of Kazbek is covered, his cap.

ДАРЫ́ ТЕ́РЕКА.

Те́рекъ во́етъ, дикъ и зло́бенъ
Межъ утёсистыхъ грома́дъ,
Бу́рѣ плачъ его подо́бенъ,
Слёзы бры́згами летя́тъ.
Но, по степи́ разбѣга́ясь,
Онъ лука́вый приня́лъ видъ,
И привѣ́тливо ласка́ясь,
Мо́рю Ка́спію журчи́тъ:

'Разступи́сь, о ста́рецъ-мо́ре,
Дай прію́тъ мое́й волнѣ́.
Погуля́ть я на просторѣ́,—
Отдохну́ть пора́ бы мнѣ.
Я роди́лся у Казбе́ка,
Вско́рмленъ гру́дью облако́въ,
Съ чу́ждой вла́стью человѣ́ка
Вѣ́чно спо́рить былъ гото́въ.
Я, сына́мъ твои́мъ въ заба́ву,
Разори́лъ родно́й Дарья́лъ,
И валу́новъ имъ, на сла́ву,
Ста́до цѣ́лое пригна́лъ.'

Но склони́сь на мя́гкій бе́регъ,
Ка́спій сти́хнулъ, бу́дто спитъ,
И опя́ть, ласка́ясь, Те́рекъ,
Ста́рцу на́ ухо журчи́тъ:

'Я привёзъ тебѣ́ гости́нецъ!
То гости́нецъ не просто́й:
Съ по́ля би́твы Кабарди́нецъ,
Кабарди́нецъ удало́й.

'Онъ въ кольчу́гѣ драгоцѣ́нной,
Въ налобо́тникахъ стальны́хъ:
Изъ Кора́на стихъ свяще́нный

Писать зо́лотомъ на нихъ.
Онъ угрю́мо сдви́нулъ бро́ви
И усо́въ его́ края́
Обагри́ла зно́йной кро́ви
Благоро́дная струя́;
Взоръ откры́тый, безотвѣ́тный,
По́лонъ ста́рою вражд́ой;
По заты́лку чубъ завѣ́тный
Вьётся чёрпою космо́й.'

Но, склони́сь на мя́гкій бе́регъ,
Каспі́й дре́млетъ и молчи́тъ;
И, волну́ясь, бу́йный Те́рекъ
Ста́рцу сно́ва говори́тъ:

'Слу́шай, дя́дя: даръ безцѣ́нный
Что други́е всѣ дары́?
Но его́ отъ всей вселе́нной
Я таи́ть до сей поры́.
Я примчу́ къ тебѣ́ съ волна́ми,
Трупъ каза́чки молодо́й,
Съ тёмно-блѣ́дными плеча́ми,
Съ свѣ́тло-ру́сою косо́й.
Гру́стенъ ликъ ея́ тума́нный,
Взоръ такъ ти́хо, сла́дко спитъ.
А на грудь изъ ма́лой ра́ны
Стру́йка а́лая бѣжи́тъ.
По красо́ткѣ-молоди́цѣ
По тоску́етъ надъ рѣко́й
Лишь оди́нъ во всей стани́цѣ
Казачи́на гребенско́й.

'Осѣдла́лъ онъ воропа́го
И въ гора́хъ, въ ночно́мъ бою́,
На кинжа́лъ Чече́нца зла́го
Сло́житъ го́лову свою́.'

Замолча́лъ пото́къ серди́тый,
И надъ нимъ, какъ снѣгъ бѣлá,
Голова́ съ косо́й размы́той,
Колыха́яся, всплы́ла.

И старикъ во блéскѣ влáсти
Всталъ, могу́чій, какъ грозá,
И одѣ́лись блáгой стрáсти
Тёмно-си́ніе глазá.

Онъ взыгрáлъ, весёлый пóлный
И въ объя́тія свои́,
Набѣга́ющія вóлны
Приня́лъ съ рóпотомъ любви́.

Ле́рмонтовъ.

КАПИТА́НСКАЯ ДОЧЬ.

На друго́й день, рáно у́тромъ, Мáрья Ивáновна проснýлась, одѣ́лась и тихо́нько пошлá въ садъ. У́тро было прекрáсное, сóлнце освѣщáло вершины липъ, пожелтѣ́вшихъ ужé подъ снѣ́жнымъ дыхáніемъ óсени. Широ́кое óзеро сія́ло неподви́жно. Просну́вшіеся лéбеди вáжно выплывáли изъ-подъ кусто́въ, осѣня́ющихъ бéрегъ. Мáрья Ивáновна пошла́, óколо прекрáснаго лýга, гдѣ тóлько что постáвленъ былъ пáмятникъ въ честь недáвнихъ побѣ́дъ грáфа Петрá Александрóвича Румя́нцова. Вдругъ бѣ́лая собáчка англі́йской поро́ды залáяла и побѣжáла ей на встрѣ́чу; Мáрья Ивáновна испугáлась и остановилась. Въ э́ту сáмую мину́ту раздáлся пріятный жéнскій гóлосъ: 'Не бо́йтесь: онá не укýситъ.' И Мáрья Ивáновна увидѣ́ла дáму, сидѣ́вшую на скамéйкѣ проти́ву пáмятника. Мáрья Ивáновна сѣ́ла на другóмъ концѣ́ скамéйки. Дáма пристáльно на неё смотрѣ́ла; Мáрья Ивáновна, съ свое́й стороны́ бро́сивъ нѣ́сколько ко́свенныхъ взгля́довъ, успѣ́ла разсмотрѣ́ть её съ ногъ до головы́. Онá былá въ бѣ́ломъ у́треннемъ плáтьѣ, въ ночнóмъ чепцѣ́ и въ душегрѣ́йкѣ. Ей казáлось лѣтъ со́рокъ. Лицé ея полное и румяное, выражало важность и спокойствіе а голубые глаза и лёгкая улыбка имѣли прелесть неизъяснимую. Дама первая прервала молчаніе.

'Вы, вѣрно, не здѣшнія? Сказала она.'—

— Точно такъ-съ: я вчера только пріѣхала изъ провинціи.

— Вы пріѣхали съ вашими родными.

— Никакъ нѣтъ-съ. Я пріѣхала одна.

'Одна! но вы такъ ещё молоды.'

— У меня нѣтъ ни отца, ни матери.

'Вы здѣсь, конечно, по какимъ нибудь дѣламъ?'

— Точно такъ-съ. Я пріѣхала подать просьбу государынѣ.

'Вы сирота: вѣроятно, вы жалуетесь на несправедливость и обиду?'

— Никакъ нѣтъ-съ. Я пріѣхала просить милости, а не правосудія.

'Позвольте спросить, кто вы такова?'

— Я дочь Капитана Миронова.

'Капитана Миронова! того самаго, что былъ комендантомъ въ одной изъ оренбургскихъ крѣпостей?'

— Точно такъ-съ.

Дама, казалось, была тронута. 'Извините меня,' сказала она голосомъ ещё болѣе ласковымъ, 'если я вмѣшиваюсь въ ваши дѣла; но я бываю при дворѣ; изъясните мнѣ, въ чёмъ состоитъ ваша просьба и можетъ быть, мнѣ удастся вамъ помочь.'

Марья Ивановна встала и почтительно её благодарила. Всё въ неизвѣстной дамѣ невольно привлекало сердце и внушало довѣренность. Марья Ивановна вынула изъ кармана сложенную бумагу и подала её незнакомой своей покровительницѣ которая стала читать её про себя. Сначала она читала съ видомъ внимательнымъ и благосклоннымъ; но вдругъ лицо ея перемѣнилось, и Марья Ивановна слѣдовавшая глазами за всѣми ея движеніями, испугалась строгому выраженію этого лица, за минуту столь пріятному и спокойному.

'Вы просите за Гринева?' сказала дама съ холоднымъ видомъ.

'Императрица не может его простить. Он пристал к самозванцу не из невежества и легковерия, но как безнравственный и вредный негодяй.'

— Ах, неправда! вскрикнула Марья Ивановна.

'Как неправда!' возразила дама, вся вспыхнув.

— Неправда, ей Богу, неправда! Я знаю всё, я всё вам разскажу. Он для одной меня подвергся всему, что постигло его. И если он не оправдался пред судом, то разве потому только, что не хотел запутать меня. Тут она с жаром разсказала всё, что уже известно моему читателю. Дама выслушала её со вниманием. 'Где вы остановились?' спросила она потом, и, услыша, что у Анны Власьевны промолвила с улыбкою; 'А! знаю. Прощайте не говорите никому о нашей встрече. Я надеюсь, что вы не долго будете ждать ответа на ваше письмо.'

С этим словом она встала и вышла в крытую аллею, а Марья Ивановна возвратилась к Анне Власьевне исполненная радостной надежды. Хозяйка побранила её за раннюю прогулку, вредную, по ея словам, для здоровья молодой девушки. Она принесла самовар и за чашкою чая только было принялась за безконечные разсказы о дворе, как вдруг придворная карета остановилась у крыльца, и камер-лакей вошел с объявлением что государыня изволит к себе приглашать девицу Миронову.

Анна Власьевна изумилась и расхлопоталась. 'Ах, Господи,' закричала она, 'Государыня требует вас ко двору. Как-же это она про вас узнала? Да, как же вы, матушка представитесь к императрице? Вы, я чай, и ступить по придворному не умеете. Не проводить-ли мне вас? Всё-таки я вас хоть в чём нибудь да могу предостеречь. И как-же вам ехать в дорожном платье? Не послать-ли к повивальной бабке за ея жёлтым робронром?' Камер-лакей объявил, что государыне угодно было, чтоб Марья Ивановна ехала одна и в том, в чём ее застанут. Делать было нечего: Марья Ивановна села в карету и поехала во дворец, сопровождаемая советами и благословениями Анны Власьевны.

Ма́рья Ива́новна предчу́вствовала рѣше́ніе на́шей судьбы́; се́рдце ея́ си́льно би́лось и замира́ло. Чрезъ нѣ́сколько мину́тъ каре́та останови́лась у дворца́.—Ма́рья Ива́новна съ тре́петомъ пошла́ по лѣ́стницѣ. Двѣ́ри передъ нею отвори́лись на́стежь. Она́ прошла́ дли́нный ря́дъ пусты́хъ великолѣ́пныхъ ко́мнатъ; ка́моръ-лаке́й ука́зывалъ доро́гу. Наконе́цъ, подоше́дъ къ за́пертымъ дверя́мъ онъ объяви́лъ, что сейча́съ объ ней доло́житъ и оста́вилъ её одну́.

Мысль уви́дѣть императри́цу лицо́мъ къ лицу́ такъ устраши́ла её, что она́ съ трудо́мъ могла́ держа́ться на нога́хъ. Черезъ мину́ту двѣ́ри отвори́лись, и она́ вошла́ въ убо́рную госуда́рыни. Императри́ца сидѣ́ла за свои́мъ туале́томъ. Нѣ́сколько придво́рныхъ окружа́ли её и почти́тельно пропусти́ли Ма́рью Ива́новну. Госуда́рыня ла́сково къ ней обрати́лась, и Ма́рья Ива́новна узна́ла въ ней ту да́му, съ кото́рой такъ открове́нно изъясни́лась она́ нѣ́сколько мину́тъ тому́ наза́дъ. Госуда́рыня позвала́ её и сказа́ла съ улы́бкою: 'Я ра́да, что могла́ сдержа́ть вамъ своё сло́во и испо́лнить ва́шу про́сьбу. Дѣ́ло ва́ше ко́нчено. Я убѣжде́на въ неви́нности ва́шего жениха́. Вотъ письмо́ кото́рое са́ми потруди́тесь отвезти́ къ бу́дущему свёкру.'

Ма́рья Ива́новна приняла́ письмо́ дрожа́щею руко́ю и, запла́кавъ, упа́ла къ нога́мъ императри́цы, кото́рая подняла́ её и поцѣлова́ла. Госуда́рыня разговори́лась съ не́ю 'зна́ю, что вы не бога́ты,' сказа́ла она́; 'но я въ долгу́ передъ до́черью капита́на Миро́нова. Не безпоко́йтесь о бу́дущемъ. Я беру́ на себя́ устро́ить ва́ше состоя́ніе.' Обласка́въ бѣ́дную сироту́, госуда́рыня её отпусти́ла. Ма́рья Ива́новна уѣ́хала въ той-же придво́рной каре́тѣ. А́нна Вла́сьевна, нетерпѣли́во ожида́вшая ея́ возвраще́нія, осы́пала её вопро́сами, на кото́рые Ма́рья Ива́новна отвѣча́ла ко́е-какъ. А́нна Вла́сьевна хотя́ и была́ недово́льна ея́ безпа́мятствомъ, но приписа́ла о́ное провинціа́льной засте́нчивости и извини́ла великоду́шно. Въ тотъ-же день Ма́рья Ива́новна, не полюбопы́тствовавъ взгляну́ть на Петербу́ргъ, обра́тно поѣ́хала въ дере́вню.

Пу́шкинъ.

ПРОРО́КЪ.

Духо́вной жа́ждою томи́мъ,
Въ пусты́нѣ мра́чной я влачи́лся,
И шестикры́лый серафи́мъ
На перепу́тьи мнѣ яви́лся.
Перста́ми лёгкими какъ сонъ
Мои́хъ зѣни́цъ косну́лся онъ:
Отвѣрзлись вѣ́щія зѣни́цы,
Какъ у испу́ганной орли́цы,
Мои́хъ уше́й косну́лся онъ.
И ихъ напо́лнилъ шумъ и звонъ:
И внялъ я не́ба содрога́нье,
И го́рній а́нгеловъ полётъ,
И гадъ морски́хъ подво́дный ходъ,
И до́льней ло́зы прозяба́нье.
И онъ къ уста́мъ мои́мъ припа́лъ,
И вы́рвалъ грѣ́шный мой язы́къ,
И праздносло́вный и лука́вый,
И жа́ло му́дрыя змѣи́
Въ уста́ заме́ршія мои́
Вложи́лъ десни́цею крова́вой.
И онъ мнѣ грудь разсѣ́къ мече́мъ,
И се́рдце тре́петное вы́нулъ,
И у́гль пыла́ющій огнёмъ,
Во грудь отве́рстую води́нулъ.
Какъ трупъ въ пусты́нѣ я лежа́лъ,
И Бо́га гласъ ко мнѣ воззва́лъ:
'Воста́нь, проро́къ, и виждь, и внемли́,
Испо́лнись во́лею Мое́й,
И, обходя́ моря́ и зе́мли,
Глаго́ломъ жги сердца́ люде́й.'

Пу́шкинъ.

ЛЕ́БЕДЬ, ЩУ́КА И РАКЪ.

Когда́ въ това́рищахъ согла́сья нѣтъ
    На ладъ ихъ дѣ́ло не пойдётъ,
И вы́йдетъ изъ него́ не дѣ́ло, то́лько му́ка.
Одна́жды Ле́бедь, Ракъ да Щу́ка
Везти́ съ покла́жей возъ взяли́сь,
И вмѣ́стѣ тро́е всѣ въ него́ впрягли́сь;
Изъ ко́жи лѣ́зутъ вонъ, а во́зу всё нѣтъ хо́ду!
Покла́жа-бы для нихъ каза́лась и легка́:
    Да Ле́бедь рвётся въ облака́
Ракъ пя́тится наза́дъ, а Щу́ка тя́нетъ въ во́ду,
Кто винова́тъ изъ нихъ, кто правъ, суди́ть не намъ;
    Да то́лько возъ и ны́нѣ тамъ.
Крыло́въ.

ТАЛИСМА́НЪ.

Тамъ гдѣ мо́ре вѣ́чно пле́щетъ.
На пусты́нныя скалы́,
Гдѣ луна́ тепле́е бле́щетъ
Въ сла́дкій часъ вече́рней мглы́,
Гдѣ, въ горе́махъ наслажда́ясь,
Дни прово́дитъ Мусульма́нъ;
Тамъ волше́бница, ласка́ясь,
Мнѣ вручи́ла талисма́нъ:

И ласка́ясь, говори́ла;
'Сохрани́ мой талисма́нъ:
Въ нёмъ таи́нственная си́ла!
Онъ тебѣ́ любо́вью данъ.
Отъ неду́га, отъ моги́лы,
Въ бу́рю, въ гро́зный урага́нъ,
Головы́ твое́й, мой ми́лый
Не спасётъ мой талисма́нъ.

' И богáтствами Востóка
   Онъ тебя́ не одари́тъ,
   И поклóнниковъ Прорóка
   Онъ тебѣ́ не покори́тъ;
   И тебя́ на лóно дрýга,
   Отъ печáльныхъ, чýждыхъ странъ,
   Въ край роднóй на Сѣверъ съ Юга,
   Не умчи́тъ мой талисмáнъ.

' Но когдá ковáрны óчи
   Очарýютъ вдругъ тебя́,
   Иль устá во мракѣ нóчи
   Поцѣлýютъ не любя́:
   Ми́лый другъ! отъ преступлéнья,
   Отъ сердéчныхъ нóвыхъ ранъ,
   Отъ измѣ́ны, отъ забвéны
   Сохрани́тъ мой талисмáнъ!'

Пýшкинъ.

ДОЧЬ МÉНШИКОВА.

Въ 1728 гóду, вскóрѣ за Мéншиковыми пріѣ́халъ въ Берёзовъ князь Ѳéдоръ Долгорýковъ. Онъ давнó былъ влюблёнъ въ княжнý Мáрію Алексáндровну и, узнáвъ о ея ссы́лкѣ, вы́просился ѣ́хать за грани́цу, а самъ, подъ чужи́мъ и́менемъ, яви́лся въ мѣ́сто заточéнія своéй возлю́бленной. Они́ бы́ли тáйно вѣнчáны одни́мъ престарѣ́лымъ свящéнникомъ которому за э́то мéжду прóчимъ былъ подарёнъ бáрсовый плащъ, дóлго храни́вшійся въ его потóмствѣ. Въ лѣ́тнее врéмя берёзовскіе жи́тели чáсто ви́дѣли кня́зя Ѳéдора и его женý прогýливающихся по бéрегу Сóсвы, причёмъ замѣчáли, что онá никогдá не носи́ла другáго плáтья кромѣ чёрнаго, почти́ всегдá бáрхатнаго, съ оклáдкою изъ сéребряной блю́нды. Чéрезъ годъ пóслѣ брáка княги́ни Долгорýкова скончáлась рóдами двухъ близнецóвъ и былá похорóнена въ однóй моги́лѣ съ дѣтьми́, близъ Спáсской цéркви.

Въ числѣ рѣдкостей, до сихъ поръ сохраняющихся въ бывшей Спасской церкви, нынѣ Воскресенскомъ березовскомъ соборѣ, находится: (1) двѣ парчевыя священническія ризы со звѣздами св. Андрея Первозваннаго на заплечьяхъ, шитыя дочерьми Меншикова, и (2) золотой медальонъ изящной работы, внутри котораго находится свитая въ кольцо прядь свѣтло-русыхъ волосъ. Медальонъ этотъ, по преданію поступилъ въ церковь послѣ смерти князя Ѳеодора Долгорукова. Волосы, находящіеся въ медальонѣ принадлежатъ женѣ князя-княгинѣ Марьѣ Александровнѣ.

Шуйскій.

БЕРЁЗОВЪ.

Въ 1066 верстахъ отъ Тобольска, среди дремучей тайги и и пустынныхъ тундръ отдаленнаго сѣвера, на крутомъ, обрывистомъ берегу рѣки Сосвы, близъ впаденія ея въ Обь пріютился небольшой городокъ Берёзовъ. Кругомъ его, на необозримыя пространства тянутся съ одной стороны первобытные хвойные лѣса, съ другой обширная луговая низменность, покрытая множествомъ озеръ, протоковъ и зыбкихъ болотъ. На всёмъ лежитъ печать суроваго сѣвера. Унылая природа бываетъ облечена въ снѣжный саванъ въ теченіе восьми мѣсяцевъ: жестокіе морозы доходятъ иногда до сорока-пяти градусовъ, холодъ захватываетъ дыханіе и превращаетъ выдыхаемый паръ въ иней; птицы падаютъ мёртвыми; стёкла въ окнахъ лопаются; земля и лёдъ даютъ глубокія трещины. Погода отличается непостоянствомъ; воздухъ сыръ и туманенъ; небо всегда закрыто тёмными тучами; особенно часто свирѣпствуютъ сильные бураны; единственное спасеніе путника или звѣря, застигнутыхъ этой вьюгою,— ложиться въ снѣгъ и терпѣливо ожидать, иногда по цѣлымъ суткамъ ея конца. Ночи продолжительны и мрачны; лишь по временамъ мракъ сокращается величественнымъ явленіемъ полярнаго горизонта — сѣвернымъ сіяніемъ. Безмолвіе пустыни царствуетъ въ полутёмномъ, занесённомъ снѣгомъ городкѣ. Только хвойныя деревья: кедръ, ель и сосна по высокому росту и зелени, нѣсколько оживляютъ угрюмую картину этой нѣмой зимы.

Берёзовъ построенъ въ 1593 году, при Царѣ Ѳеодорѣ Ивановичѣ, воеводою Никифоромъ Траханіотовымъ, для упроченія русскаго владычества надъ покорёнными остяками. Названіе его произошло отъ находившагося вблизи остяцкаго селенія 'Сугмутъ-Вожъ,' что означаетъ въ переводѣ березовый городокъ. При основаніи своёмъ Берёзовъ былъ обнесёнъ рвомъ, валомъ и деревянной стѣной съ башнями, въ предосторожность отъ нападенія инородцевъ. Укрѣпленія эти существовали до 1806 года, когда ужасный пожаръ истребилъ не только ихъ, но и почти весь городъ. По описи, составленной въ 1727 году, въ Берёзовѣ числилось 400 дворовъ служилыхъ казаковъ, три церкви, воеводскій дворъ и приказъ; въ настоящее же время въ нёмъ всего 170 домовъ, большею частью деревянныхъ и полуразвалившихся двѣ церкви и около тысячи человѣкъ жителей.

Шуйскій.

АНЧАРЪ[1].

Въ пустынѣ чахлой и скупой,
На почвѣ, зноемъ раскалённой,
Анчаръ, какъ грозный часовой
Стоитъ одинъ во всей вселенной.

Природа жаждущихъ степей
Его въ день гнѣва породила,
И зелень мёртвую вѣтвей,
И корни ядомъ напоила.

Ядъ каплетъ сквозь его кору,
Къ полудню растопись отъ зною,
И застываетъ ввечеру
Густой, прозрачною смолою.

---

[1] Древо яда.

Къ нему и птица не летитъ;
И тигръ нейдётъ, лишь вихорь чёрный,
На древо смерти набѣжитъ —
И мчится прочь ужё тлетворный.

И если туча ороситъ
Блуждая, листъ его дремучій,
Съ его вѣтвей ужъ ядовитъ
Стекаетъ дождь въ песокъ горючій.

Но человѣка человѣкъ
Послалъ къ Анчару властнымъ взглядомъ.
И тотъ послушно въ путь потёкъ,
И къ утру возвратился съ ядомъ.

Принёсъ онъ смертную смолу,
Да вѣтвь съ увядшими листами —
И потъ по блѣдному челу,
Струился хладными ручьями.

Принёсъ — и ослабѣлъ, и лёгъ
Подъ сводомъ шалаша, на лыки
И умеръ бѣдный рабъ у ногъ
Непобѣдимаго владыки.

А князь тѣмъ ядомъ напиталъ
Свои послушливыя стрѣлы
И съ ними гибель разослалъ
Къ сосѣдамъ въ чуждые предѣлы.

Пушкинъ.

ВѢКОВАЯ ТИШИНА.

Въ столицахъ шумъ, гремятъ витіи
Кипитъ словесная война,
А тамъ, во глубинѣ Россіи —
Тамъ вѣковая тишина.

Лишь вѣтеръ не даётъ покою
Вершинамъ придорожныхъ ивъ.
И выгибаются дугою
Цѣлуясь съ матерью-землёю
Колосья безконечныхъ нивъ.

НЕКРА́СОВЪ.

ШКО́ЛЬНИКЪ.

Ну, пошёлъ же, ради Бога!
Небо, ельникъ и песокъ—
Не весёлая дорога—
Эй садись ко мнѣ, дружокъ!—

Ноги босы, грязно тѣло
И едва прикрыта грудь...
Не стыдися! что за дѣло?
Это многихъ славныхъ путь.

Вижу я въ котомкѣ книжку,
Такъ, учиться ты идёшь...
Знаю: батька на сынишку
Издержалъ послѣдній грошъ.

Знаю, старая дьячиха
Отдала четверточокъ,
Что проѣзжая купчиха
Подарила на чаёкъ.

Или, можетъ, ты дворовый
Изъ отпущенныхъ?... Ну, чтожъ!
Случай тоже ужъ не новый
Не робѣй, не пропадёшь!

Скоро самъ узнаешь въ школѣ,
Какъ архангельскій мужикъ

По своей и Божьей волѣ
Сталъ разуменъ и великъ.

Но безъ добрыхъ душъ на свѣтѣ—
Кто нибудь свезётъ въ Москву,
Будешь въ университетѣ—
Сонъ свершится на яву!

Тамъ ужъ поприще широко:
Знай работай да не трусь...
Вотъ за что тебя глубоко
Я люблю, родная Русь!

Не бездарна та природа,
Не погибъ ещё тотъ край
Что выводитъ изъ народа
Столько славныхъ то-и-знай.

Столько добрыхъ, благородныхъ,
Сильныхъ любящей душой,
Посреди тупыхъ, холодныхъ,
И напыщенныхъ собой.

НЕКРАСОВЪ.

СУВОРОВЪ.

Суворовъ успѣлъ сыро обратить на себя общее вниманіе; начавъ съ лёгкихъ шутокъ, приговорокъ, мало по малу сдѣлался онъ вполнѣ чудакомъ: и въ разговорѣ и въ письмѣ, и въ походкѣ, и въ самой службѣ. Отбросивъ общепринятыя, внѣшнія формы приличія, Суворовъ ничего не дѣлалъ какъ другіе люди: говорилъ отрывисто какими-то загадочными фразами, употреблялъ свои особыя выраженія, кривлялся, дѣлалъ разныя ужимки, ходилъ припрыгивая. Примѣнясь къ солдатскому быту, онъ довелъ до крайности свой спартанскій образъ жизни: вставая съ зарёю, бѣгать по лагерю въ рубашкѣ, кричать пѣтухомъ, обѣдать въ восемь часовъ утра; притворялся, будто не можетъ выносить зеркалъ, боясь увидѣть въ нихъ самого себя. Въ одеждѣ своей Суворовъ также не соблюдалъ общей формы; часто въ лѣтній жаръ являлся даже передъ войсками вовсе безъ мундира, только въ рубашкѣ и холщевомъ нижнемъ платьѣ; иногда же носилъ бѣлый кителъ съ краснымъ воротникомъ. Головной уборъ его состоялъ обыкновенно изъ маленькой каски съ чернымъ перомъ. Въ зимнее время, въ самые холодные дни имѣлъ онъ только лѣтній плащъ, который слылъ подъ названіемъ родительскаго; шубы никогда не носилъ, даже въ глубокой старости. Командуя полкомъ онъ самъ училъ кантонистовъ ариѳметикѣ, сочинялъ для нихъ учебники, въ церкви пѣлъ на клиросѣ и читалъ апостолъ.

Въ обращеніи съ подчиненными Суворовъ создалъ себѣ совершенно свою, особую систему: строгій къ каждому въ исполненіи обязанностей служебныхъ, онъ въ тоже время не боялся сближаться съ солдатами, шутилъ съ ними, забавляя ихъ своими прибаутками. Говоря съ подчиненными, требовалъ отъ нихъ находчивости и смѣлости, отвѣтовъ быстрыхъ и точныхъ; слово 'не знаю' было строго запрещено. Вдругъ обращался онъ къ солдату или офицеру съ какимъ нибудь страннымъ, нелѣпымъ вопросомъ, и немедленно же надобно было отвѣчать ему, хотя бы такою же нелѣпостію: кто отвѣтитъ остро, умно, тотъ молодецъ, разумникъ, кто смутится, замнется, тотъ 'немогузнайка.' Обыкновенныя фразы вѣжливости, приличія, отвѣты неопредѣленные уклончивые, прослѣдовалъ онъ особыми своими терминами: 'извинка, лукавка, нѣжнишка и проч.'

Даже въ обученіи своего полка Суворовъ позволялъ себѣ разныя странности: вдругъ соберетъ его ночью, по тревогѣ, и поведетъ въ походъ; водитъ нѣсколько дней сряду; переходитъ чрезъ рѣки въ бродъ и вплавь; держитъ войска въ строю на морозѣ или въ сильный жаръ. Разъ, проходя мимо какого-то монастыря, въ окрестностяхъ Новой Ладоги, вдругъ велѣлъ онъ полку своему атаковать эту мирную обитель и штурмовалъ стѣны по всѣмъ правиламъ. На Суворова жаловались за эти проказы, но всё прощалось чудаку.

Дѣйствительно, Суворовъ своими странностями вполнѣ достигъ предположенной цѣли; о нёмъ, разумѣется, начали говорить въ Петербургѣ; безчисленные анекдоты о его продѣлкахъ дошли до самой императрицы. Государыня, зная ужё Суворова какъ умнаго человѣка и отличнаго полковаго командира, милостиво улыбнулась, слыша о его проказахъ. Проницательный взглядъ Екатерины умѣлъ открыть въ Суворовѣ истинныя достоинства подъ комическою маскою, которую онъ на себя надѣлъ. Всякаго другаго подобная маска сдѣлала бы смѣшнымъ шутомъ. Суворовъ, напротивъ того, умѣлъ заслужить общее уваженіе и въ особенности солдатамъ внушить неограниченную къ себѣ любовь; они звали его не иначе, какъ отцомъ роднымъ. Всѣ подчинённые, которымъ случалось быть въ близкихъ отношеніяхъ къ Суворову, дѣлались почти фанатическими приверженцами его. Дѣло въ томъ, что во всѣхъ дѣйствіяхъ Суворова, въ его рѣчахъ, даже въ его шуткахъ и проказахъ, подъ самою страшною оболочкою всегда просвѣчивалъ особый оригинальный умъ: здравый, прямой, но вмѣстѣ съ тѣмъ проническій, даже съ примѣсью нѣкоторой своего рода хитрости,— тотъ именно родъ ума, который такъ свойственъ русскому человѣку. И въ самомъ дѣлѣ, Суворовъ по природѣ былъ, можно сказать, типомъ человѣка русскаго; въ нёмъ выразились самыми яркими красками всѣ отличительныя свойства нашей національности а вмѣстѣ съ тѣмъ и во внѣшней своей жизни старался онъ систематически подражать пріёмамъ русскаго простолюдина и солдата: онъ строго соблюдалъ всѣ ихъ привычки и обычаи, умѣлъ превосходно поддѣлываться подъ солдатскій языкъ, примѣниться къ ихъ образу мыслей. Будучи христіаниномъ въ душѣ, Суворовъ: исполнялъ и въ наружности всѣ церковные обряды, держалъ въ точности посты, крестился, проходя мимо церкви, клалъ земные поклоны предъ иконами. Однимъ словомъ, всѣ дѣйствія его проникнуты были русскимъ духомъ. Вотъ почему именно самыя странности и причуды его возбуждали такое сочувствіе въ русскихъ солдатахъ, и даже обратились въ послѣдствіи въ народную легенду. Въ этомъ же заключается и вся тайна того дивнаго нравственнаго вліянія, которое Суворовъ имѣлъ на войска.

Странности и шутки Суворова имѣли еще и другое значеніе. Получивъ самое простое воспитаніе, проведши юность въ казармахъ, вмѣстѣ съ солдатами, онъ неизбѣжно чувствовалъ бы себя въ неловкомъ положеніи, находясь въ высшемъ кругу столицы или среди пышнаго двора Екатерины; сколько ударовъ пришлось бы вытерпѣть его самолюбію и гордости! Вмѣсто того, онъ поставилъ себя, на такую ногу, что подъ кровомъ шутки, или поговорки высказывалъ всѣмъ даже надмѣннымъ вельможамъ, такія злыя истины, которыхъ не перенесли бы они отъ другаго. Въ особенности бичевалъ онъ своими сарказмами низость и угодливость, мелкое тщеславіе, высокомѣріе, чванливость, барскую спѣсь. Правда, онъ нажилъ тѣмъ много враговъ; но что ему было до того, когда императрица благоволила и покровительствовала?! Рѣшившись надѣть на себя маску Суворовъ не могъ ужё потомъ сбросить её и продолжалъ во всю жизнь разыгрывать странную роль; онъ выдерживалъ её такъ вѣрно, что въ послѣдствіи даже трудно было отличить въ немъ искуственную личину отъ природной своеобразности характера.

Впрочемъ должно замѣтить, что въ послѣдствіи, достигнувъ высшихъ чиновъ, Суворовъ умѣлъ вполнѣ, когда было нужно, измѣнять свое обычное поведеніе: въ извѣстныхъ случаяхъ, какъ, напримѣръ, при торжествахъ, церковныхъ обрядахъ, также въ разговорахъ съ иностранными дипломатами и генералами, онъ совершенно отбрасывалъ свои странности, принималъ видъ серьёзный; говорилъ дѣльно, сохраняя всѣ наружныя приличія; удивлялъ часто ясностію своихъ сужденій и вѣрностію взгляда. Въ немъ были какъ будто двѣ натуры: въ кабинетѣ за дѣлами слушалъ онъ внимательно доклады, полагалъ резолюціи, отдавалъ приказанія не позволяя себѣ никакихъ шутокъ; но лишь только дѣла были кончены, вдругъ превращался совсѣмъ въ иного человѣка: вспрыгивалъ быстро со стула, вскрикивалъ 'кушъ' 'купѝцъ' и тогда начиналъ по обыкновенію шутить и дѣлать всякія проказы. Всѣмъ извѣстенъ анекдотъ, хоть можетъ быть и вымышленный, о томъ, какъ Потёмкинъ, видѣвшій всегда Суворова такимъ страннымъ чудакомъ и долго не довѣрявшій ни уму его, ни дарованіямъ долженъ былъ наконецъ перемѣнить свое убѣжденіе. Разсказываютъ, будто бы императрица Екатерина, умѣвшая лучше оцѣнить истинныя достоинства Суворова, призвала его однажды въ свой кабинетъ и завела съ нимъ разговоръ о важныхъ дѣлахъ государственныхъ, между тѣмъ какъ Потёмкинъ спрятанъ былъ за ширмами; услышавъ основательныя, глубокомысленныя сужденія Суворова, Потёмкинъ не могъ удержать своего изумленія, вышелъ изъ-за ширмъ и сказалъ съ нѣкоторымъ упрёкомъ: 'Какъ худо зналъ я васъ до сихъ поръ, Александръ Васильевичъ; отчего же вы не всегда такъ говорите, какъ теперь?' Но Суворовъ въ тоже мгновеніе перемѣнился, началъ опять шутить и съ обычными своими ужимками отвѣчалъ сильному временщику: 'Этотъ языкъ берегу я только для одной матушки-царицы.'

Милютинъ.

РЕВИЗОРЪ.

Дѣйствіе V. Явленіе VIII.

Тѣ же и Почтмейстеръ, въ-попыхахъ и съ распечатаннымъ письмомъ въ рукѣ.

Почтм. Удивительное дѣло, господа! Чиновникъ, котораго мы приняли за ревизора, былъ не ревизоръ.

Всѣ. Какъ, не ревизоръ!

Почтм. Совсѣмъ не ревизоръ, я узналъ это изъ письма.

Гор. Что вы, что вы, изъ какого письма.

Почтм. Да изъ собственнаго его письма. Приносятъ ко мнѣ на почту письмо. Взглянулъ на адресъ, вижу: 'Въ Почтамскую улицу.' Я такъ и обомлѣлъ. 'Ну,' думаю себѣ, 'вѣрно нашёлъ безпорядки по почтовой части и увѣдомляетъ Начальство.' Взялъ, да и распечаталъ.

Гор. Какъ же вы?

Почтм. Самъ не знаю: неестественная сила побудила. Призвать было уже курьера съ тѣмъ, чтобы отправить его съ эстафетой,—но любопытство такое одолѣло, какого еще никогда не чувствовалъ. Не могу, не могу, слышу что не могу! тянетъ, такъ вотъ и тянетъ! Въ одномъ ухѣ такъ вотъ и слышу: 'Эй не распечатывай, пропадёшь, какъ курица!' а въ другомъ словно бѣсъ какой шепчетъ: 'Распечатай, распечатай, распечатай!' И какъ придавилъ сургучъ —по жиламъ огонь а распечаталъ—морозъ, ей Богу морозъ. И руки дрожатъ и всё помутилось.

Гор. Да какъ же вы осмѣлились распечатать письмо такой уполномоченной особы?

Почтм. Въ томъ-то и штука, что онъ не уполномоченной, и не особа?

Гор. Что жъ онъ, по вашему такое?

Почтм. Ни сё, ни то; чортъ знаетъ что такое!

Гор. *Запальчиво.* Какъ ни сё ни то? Какъ вы смѣете назвать его ни тѣмъ, ни сѣмъ, да еще и чортъ знаетъ чѣмъ? Я васъ подъ арестъ...

Почтм. Кто? вы?

Гор. Да, я.

Почтм. Коротки руки.

Гор. Знаете ли, что онъ женится на моей дочери, что я самъ буду вельможа, что я въ самую сибирь закопопачу!

Почтм. Эхъ, Антонъ Антоновичъ! что Сибирь, далёко Сибирь! Вотъ лучше я вамъ прочту. Господи! позвольте прочитать письмо!

Всѣ. Читайте, читайте!

Почтм. Читаетъ. 'Спѣшу увѣдомить тебя, душа Тряпичкинъ, какія со мной чудеса. На дорогѣ обчистилъ меня кругомъ пѣхотный капитанъ, такъ что трактирщикъ хотѣлъ уже было посадить въ тюрьму; какъ вдругъ, по моей Петербургской физіономіи и по костюму, весь городъ принялъ меня за генералъ-губернатора. И я теперь живу у городничаго, жуирую, волочусь напропалую за его женой и дочкой: не рѣшилюсь только, съ которой начать—думаю, прежде съ матушки потому что кажется, готова сейчасъ на всѣ услуги. Помнишь, какъ мы съ тобой бѣдствовали, обѣдали нашаромыжку, и какъ одинъ разъ было кандитеръ схватилъ меня за воротникъ, по поводу съѣденныхъ пирожковъ на счётъ доходовъ англійскаго короля? Теперь совсѣмъ другой оборотъ! Всѣ мнѣ даютъ въ займы, сколько угодно. Оригиналы страшные, отъ смѣху ты бы умеръ! Ты, я знаю, пишешь статейки: помѣсти ихъ въ свою литературу. Во первыхъ: городничій—глупъ, какъ сивый меринъ . . .'

Гор. Не можетъ быть! Тамъ нѣтъ этого!

Почтм. *Показываетъ письмо.* Читайте сами.

Гор. *Читаетъ.* 'Какъ сивый меринъ.' Но можетъ быть, вы это сами написали!

Почтм. Какъ же бы я сталъ писать?

Арт. Фил. Читайте!

Лука Лук. Читайте!

Почтм. *Продолжая читать.* 'Городничій—глупъ, какъ сивый меринъ . . .'

Гор. О чортъ возьми! Нужно ещё повторять! Какъ-будто оно тамъ и безъ того не стоитъ.

Почтм. *Продолжая читать.* 'Хм—хм—хм—сивый меринъ. Почтмейстеръ тоже добрый человѣкъ . . .' (*Оставляя читать.*) Ну тутъ онъ и обо мнѣ тоже неприлично выразился.

Гор. Нѣтъ, читайте!

Почтм. Да къ чему жъ? . . .

Гор. Нѣтъ, чортъ возьми, когда ужъ читать, такъ читать! Читайте всё!

Арт. Фил. Позвольте, я прочитаю (*Надѣваетъ очки и читаетъ*): 'Почтмейстеръ, точь-въ-точь департаментскій сторожъ Михѣевъ, должно быть, также подлецъ, пьётъ горькую.'

Почтм. *Къ зрителямъ.* Ну, скверный мальчишка, котораго надо высѣчь: больше ничего!

Арт. Фил. *Продолжая читать.* 'Надзиратель надъ богоугоднымъ, заведе . . . н . . . и . . .' (*Заикается.*)

Коро́вкинъ. А что́ жъ вы остановились?

Арт. Фил. Да печёткое перо́ ... впрочемъ видно что негодяй.

Кор. Да́йте мнѣ! вотъ у меня́, я ду́маю, полу́чше глаза́. [Беретъ письмо́.]

Арт. Фил. *Не давая письма.* Нѣтъ, это мѣсто мо́жно пропустить, а тамъ да́льше разбо́рчиво.

Кор. Да позво́льте, ужъ я зна́ю.

Арт. Фил. Прочита́ть, я и самъ прочита́ю — да́лѣе, пра́во, всё разбо́рчиво.

Почтм. Нѣтъ, всё чита́йте! вѣдь пре́жде всё чи́тано.

Всѣ. Отда́йте, Арте́мій Фили́пповичъ, отда́йте письмо́! (*Коро́бкину.*) Чита́йте!

Арт. Фил. Сейча́съ (*отдаётъ письмо́*). Вотъ позво́льте ..., (закрыва́етъ па́льцемъ) вотъ отсю́да чита́йте. (*Всѣ приступа́ютъ къ нему́.*)

Почтм. Чита́йте, чита́йте, вздоръ всё чита́йте!

Кор. *Читая.* 'Надзира́тель за богоуго́днымъ заведе́ніемъ, Земляни́ка: соверше́нная свинья́ въ ермо́лкѣ?'

Арт. Фил. *Къ зрителямъ.* И не остроу́мно! свинья́ въ ермо́лкѣ! гдѣ жъ свинья́ быва́етъ въ ермо́лкѣ?

Кор. *Продолжа́етъ чита́ть.* 'Смотри́тель учи́лищъ протухнулъ насквозь лу́комъ.'

Лука Лук. *Къ зрителямъ.* Ей Бо́гу, и въ ротъ никогда́ не бралъ лу́ку!

Амм. Ѳед. *Въ сто́рону.* Сла́ва Бо́гу, хоть по кра́йней мѣрѣ обо мнѣ нѣтъ!

Кор. *Читаетъ.* 'Судья́ ...'

Амм. Ѳед. Вотъ тебѣ на! (*Вслухъ*) Господа́, я ду́маю, что письмо́ дли́нно. Да и чортъ ли въ нёмъ, дрянь э́такую чита́ть!

Лука Лук. Нѣтъ!

Почтм. Нѣтъ, чита́йте!

Арт. Фил. Нѣтъ, ужъ. чита́йте!

Кор. *Продолжа́етъ.* 'Судья́ Ля́пкинъ-Тя́пкинъ въ сильнѣ́йшей степени моветон'...(*останавливается*). Должно быть французское слово.

Амм. Ѳед. А чортъ его знаетъ, что оно значитъ! Ещё хорошо, если только мошенникъ, а можетъ быть того ещё хуже.

Кор. *Продолжая читать.* 'А впрочемъ, народъ гостепріимный и добродушный. Прощай, душа Тряпичкинъ. Я самъ, по примѣру твоему, хочу заняться литературой. Скучно, братъ, такъ жить, Хочешь наконецъ пищи для души. Вижу, точно надо чѣмъ-нибудь высокимъ заняться. Пиши ко мнѣ въ Саратовскую губернію, а оттуда въ деревню Подкатиловку. (*Переворачиваетъ письмо и читаетъ адресъ.*) Его благородію милостивому государю, Ивану Васильевичу Тряпичкину, въ Санктпетербургѣ, въ Почтамтскую улицу, въ домѣ подъ нумеромъ девяносто седьмымъ, поворотя на дворъ въ третьемъ этажѣ, направо.

Одна изъ дамъ. Какой репримандъ неожиданный!

Гор. Вотъ когда зарѣзалъ, такъ зарѣзалъ! убитъ, убитъ, совсѣмъ убитъ! Ничего не вижу: вижу какія-то свиныя рыла, вмѣсто лицъ, а больше ничего... Воротить, воротить его (*Машетъ рукою*).

Почтм. Куда воротить! я какъ нарочно, приказалъ смотрителю дать самую лучшую тройку; чортъ угораздилъ дать и впередъ предписаніе.

Жена Коробкина. Вотъ ужъ точно, вотъ ужъ безпримѣрная конфузія.

Амм. Ѳед. Однакожъ, чортъ возьми, господа, онъ у меня взялъ триста рублей взаймы.

Арт. Фил. У меня тоже триста рублей.

Почтм. *Вздыхаетъ.* Охъ! и у меня триста рублей.

Бобч. У насъ съ Петромъ Ивановичемъ, шестьдесятъ пять-съ на ассигнаціи-съ, да-съ.

Амм. Ѳед. *Въ недоумѣніи разставляетъ руки.* Какъ же это, господа? Какъ это въ самомъ дѣлѣ мы такъ оплошали?

Гор. *Бьётъ себя по плечу.* Какъ я—нѣтъ, какъ я, старый дуракъ? выжилъ, глупый баранъ, изъ ума!—Тридцать лѣтъ живу на службѣ: ни одинъ купецъ, ни подрядчикъ не могъ провести;

мошенников надъ мошенниками обманывалъ, проходцевъ и плутовъ такихъ, что весь свѣтъ готовы обокрасть, поддѣвалъ на уду; трёхъ губернаторовъ обманулъ!... что губернаторовъ! (*Махнувъ рукой*) нечего и говорить про губернаторовъ...

Анна Андр. Но это не можетъ быть, Антоша: онъ обручился съ Машенькой!...

Гор. *Въ сердцахъ*. Обручился! кукишъ съ масломъ—вотъ тебѣ обручился! Лѣзетъ мнѣ въ глаза съ обрученьемъ!... (*Въ изумлѣніи*.) Вотъ смотрите, смотрите, весь міръ, всё христіанство, всѣ смотрите, какъ одураченъ городничій! Дурака ему, дурака старому подлецу! (*Грозитъ самому себѣ кулакомъ*.) Эхъ ты толстоносый! Сосульку, тряпку принялъ за важнаго человѣка! Вонъ онъ теперь по всей дорогѣ заливаетъ колокольчикомъ! Разнесётъ по всему свѣту исторію, мало того, что пойдёшь въ посмѣшище—найдётся щелкоперъ, бумагомарака въ комедію тебя вставитъ. Вотъ что обидно! чина, званія не пощадятъ, и будутъ всѣ скалить зубы и бить въ ладоши. Чему смѣётесь? Надъ собою смѣётесь!—Эхъ вы (*Стучитъ со злости ногами объ полъ*). Я бы всѣхъ этихъ бумагомаракъ! У, щелкоперы либералы! проклятые! чортово сѣмя! узломъ бы васъ всѣхъ завязалъ, въ муку бы стёръ васъ всѣхъ, да чорту въ подкладку! въ шапку туда ему!... (*Суетъ кулакомъ и бьётъ каблукомъ въ полъ*.) (*Послѣ нѣкотораго молчанія:*)

До сихъ поръ не могу придти въ себя. Вотъ, подлинно, если Богъ хочетъ наказать, такъ отниметъ прежде разумъ. Ну, что было въ этомъ вертопрахѣ похожаго на ревизора? Ничего не было! Вотъ просто ни на полмизинца не было похожаго—и вдругъ всѣ: ревизоръ, ревизоръ! Ну кто первый выпустилъ что онъ ревизоръ? Отвѣчайте!

Арт. Фил. *Разставивъ руки*. Ужъ какъ это случилось, хоть убей, не могу объяснить. Точно туманъ какой-то ошеломилъ, чортъ попуталъ.

Амм. Ѳед. Да кто выпустилъ—вотъ кто выпустилъ: эти молодцы! (*Показываетъ на Добчинскаго и Бобчинскаго*.)

Бобч. Ей, ей, не я! и не думалъ . . .
Добч. Я ничего, совсѣмъ ничего . . .
Арт. Фил. Конечно вы!
Лука Лук. Разумѣется. Прибѣжали какъ сумасшедшіе изъ трактира: 'Пріѣхалъ, пріѣхалъ, и денегъ не платитъ . . .' Нашли важную птицу!
Гор. Натурально, вы! сплетники городскіе, лгуны проклятые!
Арт. Фил. Что въ васъ чортъ побралъ съ вашимъ ревизоромъ и разсказами.
Гор. Только рыскаете по городу, да смущаете всѣхъ, трещётки проклятыя, сплетни сѣете, сороки короткохвостыя!
Амм. Ѳед. Пачкуны проклятые!
Лука Лук. Колпаки!
Арт. Фил. Сморчки коротобрюкіе! (*Всѣ обступаютъ ихъ.*)
Бобч. Ей Богу, это не я, это Петръ Ивановичъ.
Добч. Э нѣтъ, Петръ Ивановичъ, вы вѣдь первые того . . .
Бобч. А вотъ и нѣтъ: первые-то были вы.

Гоголь.

СТЕПЬ.

Солнце выглянуло давно на расчищенномъ небѣ и живительнымъ, теплотворнымъ свѣтомъ своимъ облило степь. Всё, что смутно и сонно было на душѣ у казаковъ, вмигъ слетѣло; сердца ихъ встрепенулись, какъ птицы.

Степь чѣмъ далѣе, тѣмъ становилась прекраснѣй. Тогда весь югъ, всё то пространство, которое составляетъ нынѣшнюю Новороссію, до самаго Чёрнаго моря, было зелёною дѣвственною пустынею. Никогда плугъ не проходилъ по неизмѣримымъ волнамъ дикихъ растеній. Одни только кони, скрывавшіеся въ нихъ, какъ въ лѣсу, вытаптывали ихъ. Ничто въ природѣ не могло быть лучше ихъ. Вся поверхность земли представлялася зелёно-золотымъ океаномъ, по которому брызнули милліоны разныхъ цвѣтовъ. Сквозь тонкіе, высо́кіе сте́бли тра́вы сквози́ли голубы́е, си́ніе и лило́вые воло́шки: жёлтый дрокъ выска́кивалъ вверхъ своёю пирамида́льною верху́шкою; бѣлая ка́шка зонтикообра́зными ша́пками пестрѣ́ла на пове́рхности; занесённый, Богъ зна́етъ отку́да, ко́лосъ пшени́цы нали́вался въ гуще́. Подъ то́нкими ихъ корня́ми шныря́ли куропа́тки, вы́тянувъ свою́ ше́ю. Во́здухъ былъ напо́лненъ ты́сячью ра́зныхъ пти́чьихъ сви́стовъ. Въ не́бѣ неподви́жно стоя́ли цѣлою ту́чею я́стребы, распласта́въ свои́ кры́лья и неподви́жно устреми́въ глаза́ свои́ въ траву́. Крикъ дви́гавшейся въ сторонѣ́ ту́чи ди́кихъ гусе́й отдава́лся, Богъ зна́етъ, въ како́мъ да́льнемъ о́зерѣ. Изъ травы́ подыма́лась мѣ́рными взма́хами ча́йка и роско́шно купа́лась въ си́нихъ волна́хъ во́здуха. Вотъ она́ пропа́ла въ вышинѣ́ и то́лько мелька́етъ одно́ю чёрною то́чкою. Вотъ она́ переверну́лась крыла́ми и блесну́ла предъ со́лнцемъ. Чортъ васъ возьми́, сте́пи, какъ вы хороши́. На́ши путеше́ственники нѣ́сколько мину́тъ то́лько остана́вливались для обѣ́да, при чёмъ ѣ́хавшій съ ними отря́дъ изъ 10 казако́въ слѣза́лъ съ лошаде́й, отвя́зывалъ деревя́нныя бакла́жки съ горѣ́лкою и ты́квы, употребля́емыя вмѣ́сто сосу́довъ. Ѣли то́лько хлѣ́бъ съ са́ломъ или коржи́, пи́ли то́лько по одно́й ча́ркѣ еди́нственно для подкрѣпле́нія, потому́ что Та́расъ не позволя́лъ никогда́ напива́ться въ доро́гѣ, и продолжа́ли путь до ве́чера. Ве́черомъ вся степь соверше́нно перемѣни́лась. Всё пёстрое простра́нство ея охва́тывалось послѣ́днимъ я́ркимъ о́тблескомъ со́лнца и постепе́нно темнѣ́ло, такъ что ви́дно бы́ло, какъ тѣнь перебѣга́ла по нимъ и они́ станови́лись темно́ зелёными; испаре́нія подыма́лися гу́ще; ка́ждый цвѣто́къ, ка́ждая тра́вка испуска́ла а́мбру, и вся степь кури́лась благово́ніемъ. По не́бу, изголубатёмному, какъ бу́дто исполи́нскою ки́стью наля́паны бы́ли широ́кія по́лосы изъ ро́зоваго зо́лота; изрѣ́дка бѣлѣ́ли клю́ками лёгкія и прозра́чныя облака́, и са́мый свѣ́жій, обольсти́тельный, какъ морскі́я во́лны, вѣтеро́къ едва́ колыха́лся по верху́шкамъ травы́ и чуть дотро́гивался къ щека́мъ. Вся му́зыка, наполня́вшая день, утиха́ла и смѣня́лась друго́ю. Пёстрые овра́жки выполза́ли изъ норъ свои́хъ, станови́лись на за́днія ла́пки и оглаша́ли степь свистомъ. Трещаніе кузнечиковъ становилось слышнѣе. Иногда слышался изъ какого нибудь уединённаго озера крикъ лебедя и, какъ серебро, отдавался въ воздухѣ. Путешественники, остановившись среди полей, избирали ночлегъ, раскладывали огонь и ставили на него котёлъ, въ которомъ варили себѣ кулишъ; паръ отдѣлялся и косвенно дымился на воздухѣ. Поужинавъ, казаки ложились спать, пустивши по травѣ спутанныхъ коней своихъ. Они раскидывались на свиткахъ. На нихъ прямо глядѣли ночныя звѣзды. Они слышали своимъ ухомъ весь безчисленный міръ насѣкомыхъ, наполнявшихъ траву весь ихъ трескъ, свистъ, кряканье, всё это звучно раздавалось среди ночи, очищалось въ свѣжемъ ночномъ воздухѣ и доходило до слуха гармоническимъ. Если-же кто нибудь изъ нихъ подымался и вставалъ на время, то ему представлялась степь усѣянною блестящими искрами свѣтящихся червей. Иногда ночное небо въ разныхъ мѣстахъ освѣщалось дальнимъ заревомъ отъ выжигаемаго по лугамъ и рѣкамъ сухаго тростника, и тёмная вереница лебедей, летѣвшихъ на сѣверъ, вдругъ освѣщалась серебряно-розовымъ свѣтомъ и тогда казалось, что красные платки летали по тёмному небу.

Гоголь.

ВЪ ТЁМНУЮ НОЧЬ.

Тёмная ночь опустилася
Вѣтеръ бушуетъ кругомъ,
И замела—закружилася
Вьюга надъ спящимъ селомъ.
Поздняя осень суровая
Больше мнѣ душу томитъ.
Въ бѣдной избѣ чернобровая
Пряха на лавкѣ сидитъ.
Тянетъ она безконечную
Нитку подъ звукъ вертена,
Спѣла бы пѣсню сердечную,

Да не поётся она.
Лѣтняя порушка страдная
Всё представляется ей,
И впереди безотрадная
Горькая доля дѣтей.
Мужу нѣтъ мочи; кто полюшко
Острой косою пройдётъ?
Кто-то безъ пахаря вволюшку
На зиму дровъ запасётъ?
Кто съ нею горе размыкаетъ
Ласку принять отъ кого?
Кто-то ребёнка покачаетъ
И укачаетъ его?

Думаетъ пряха, а тёмная
Ночь какъ могила глядитъ,
И надъ избою холодная
Снѣжная вьюга гудитъ.

Дрожжинъ.

ВЕЧЕРНІЕ ОГНИ.

Уходитъ пёстрый день и, тѣша смертныхъ очи,
Горитъ на западѣ зарёю золотой;
Кой-гдѣ румянится тѣней сгущённый рой,
И бездна яркихъ звѣздъ плыветъ надъ бездной ночи...
     Вотъ—вотъ они—
    О, Господи! твои вечерніе огни!

Столицы дремлющей тяжёлые фасады
Слѣпыми окнами глядятъ со всѣхъ сторонъ;
Кой-гдѣ голодному блестящій снится сонъ,
Кой-гдѣ для слёзъ любви еще горятъ лампады...
     Вотъ—вотъ они—
    О, Господи! твои вечерніе огни!

На склонѣ скорбныхъ дней, ещё глазá поэтъ
Сквозь бездну зла и лжи провидятъ красоту;
Ещё душа таитъ горячую мечту
И вдохновеніе—послѣдній проблескъ свѣта.
   Вотъ—вотъ они—
  О, Господи! твои вечерніе огни!

Когда земная жизнь окажется химерой,
И въ міръ, гдѣ нѣкогда лилась людская кровь,
Сойдётъ сіять и грѣть небесная любовь
Всё человѣчество, быть можетъ, скажетъ съ вѣрой:
   Вотъ—вотъ они—
  О, Господи! твои вечерніе огни!

Полонскій.

ПЛЮШКИНЪ.

Онъ вступилъ въ тёмныя, широкія сѣни, отъ которыхъ подуло холодомъ, какъ изъ погреба. Изъ сѣней онъ попалъ въ комнату, тоже тёмную, чуть-чуть озарённую свѣтомъ, выходившимъ изъ-подъ широкой щели, находившейся внизу двери. Отворивши эту дверь, онъ наконецъ очутился въ свѣту и былъ пораженъ представшимъ безпорядкомъ. Казалось, какъ-будто въ домѣ происходило мытьё половъ и сюда на время нагромоздили всю мебель. На одномъ столѣ стоялъ даже сломанный стулъ и, рядомъ съ нимъ, часы съ остановившимся маятникомъ, къ которому, паукъ уже приладилъ паутину. Тутъ же стоялъ, прислонённый бокомъ къ стѣнѣ, шкафъ, съ старинымъ серебромъ, графинчиками и китайскимъ фарфоромъ. На бюро, выложенномъ перламутровою мозаикой, которая мѣстами уже выпала и оставила послѣ себя одни желтенькіе желобки, наполненные клеемъ, лежало множество всякой всячины: куча исписанныхъ мелко бумажекъ, накрытыхъ мраморнымъ позеленѣвшимъ прессомъ съ яичкомъ на верху, какая-то старинная книга въ кожаномъ переплетѣ съ краснымъ обрѣзомъ, лимонъ весь высохшій, ростомъ не болѣе лѣсного орѣха, отломленная ручка креселъ, рюмка съ какою-то жидкостью и тремя мухами, накрытая письмомъ, кусочекъ сургуча, кусочекъ гдѣ-то поднятой тряпки, два пера, запачканныя чернилами, высохшія какъ въ чахоткѣ зубочистка, совершенно пожелтѣвшая, которою хозяинъ, можетъ быть, ковырялъ въ зубахъ своихъ еще до нашествія на Москву французовъ.

По стѣнамъ навѣшано было весьма тѣсно и безтолково нѣсколько картинъ: длинный, пожелтѣвшій гравюръ какого-то сраженія, съ огромными барабанами, кричащими солдатами въ треугольныхъ шляпахъ и тонущими конями, безъ стекла, вставленный въ раму краснаго дерева съ тоненькими бронзовыми полосками и бронзовыми же кружками по угламъ. Въ рядъ съ ними занимала полстѣны огромная почернѣвшая картина писанная масляными красками, изображавшая цвѣты, фрукты, разрѣзанный арбузъ, кабанью морду и висѣвшую, головою внизъ, утку. Съ средины потолка висѣла люстра въ холстинномъ мѣшкѣ, отъ пыли сдѣлавшаяся похожею на шелковый коконъ, въ которомъ сидитъ червякъ. Въ углу комнаты была навалена на полу куча того, что погрубѣе и что недостойно лежать на столахъ что именно находилось въ кучѣ, рѣшить было трудно: ибо пыли на ней было въ такомъ изобиліи, что руки всякаго касавшагося становились похожими на перчатки; замѣтнѣе прочаго высовывались оттуда отломленный кусокъ деревянной лопаты и старая подошва сапога. Никакъ бы нельзя было сказать, что бы въ комнатѣ сей обитало живое существо, если бы не возвѣщалъ его пребываніе старый, поношенный колпакъ, лежавшій на столѣ. Пока онъ разсматривалъ всё странное убранство, отворилась боковая дверь, и взошла та же самая ключница, которую встрѣтилъ онъ на дворѣ. Но тутъ увидѣлъ онъ, что это былъ скорѣе ключникъ, чѣмъ ключница: ключница, по крайней мѣрѣ, по брѣетъ бороды, а этотъ, напротивъ того, брилъ, и казалось, довольно рѣдко, потому что весь подбородокъ съ нижней частью щеки походилъ у него на скребницу изъ желѣзной проволоки, какою чистятъ на конюшнѣ лошадей. Чичиковъ, давши вопросительное выражéніе лицý своемý, ожидáлъ съ нетерпѣньемъ, что хóчетъ сказáть емý ключникъ. Ключникъ тóже съ своéй стороны́, ожидáлъ что хóчетъ емý сказáть Чи́чиковъ. Наконéцъ послѣ́дній удивлённый такимъ стрáннымъ недоумѣ́ніемъ, рѣши́лся спроси́ть:

'Чтó жъ бáринъ? у себя́, что ли?

'Здѣсь хозя́инъ,' сказáлъ ключникъ.

Гдѣ же? повтори́лъ Чи́чиковъ.

'Чтó, бáтюшка, слѣпы-то, что ли?' сказáлъ Ключникъ. 'Эхвá! А вѣдь хозя́инъ-то я!'

Здѣсь герóй нашъ по невóлѣ отступи́лъ назáдъ и погляде́лъ на негó пристáльно. Емý случáлось ви́дѣть не мáло вся́каго рóда людéй, дáже такихъ какихъ намъ съ читáтелемъ, мóжетъ быть никогдá не придётся уви́дать; но такóго онъ ещё не ви́дывалъ. Лицó егó не представля́ло ничегó осóбеннаго: онó бы́ло почти́ такóе же, какъ у мнóгихъ худощáвыхъ старикóвъ; одинъ подборóдокъ тóлько выступáлъ óчень далекó вперёдъ, такъ что онъ дóлженъ былъ вся́кій разъ закрывáть егó платкóмъ, что бы не заплевáть; мáленькіе глáзки егó не потýхнули и бѣгали изъ-подъ высóко вы́росшихъ бровéй, какъ мы́ши, когдá, вы́сунувши изъ тёмныхъ норъ óстренькія мóрды, насторожá ýши и моргáя усóмъ онѣ высмáтриваютъ, не затаи́лся ли гдѣ котъ, или шалýнъ мальчи́шка, и ню́хаютъ подозри́тельно сáмый вóздухъ. Горáздо замѣчáтельнѣе былъ наря́дъ егó. Никаки́ми срéдствами и старáньями нельзя́ бы докопáться, изъ чегó состря́панъ былъ егó халáтъ: рукавá и вéрхнія пóлы до тогó засали́лись и залосни́лись, что походи́ли на юфть, какáя идётъ на сапоги́; назади́, вмѣсто двухъ, болтáлось четы́ре пóлы, изъ котóрыхъ охлóпьями лѣзла хлопчáтая бумáга. На шеѣ у негó тóже бы́ло повя́зано что-то такóе, котóраго нельзя́ бы́ло разобрáть: чулóкъ ли, повя́зка ли, или набрю́шникъ, тóлько ника́къ не гáлстухъ. Слóвомъ, éсли бы Чи́чиковъ встрѣ́тилъ егó, такъ принаря́женнаго, гдѣ нибýдь у церкóвныхъ дверéй, то, вѣроя́тно, далъ бы емý мѣ́дный грошъ, и́бо къ чéсти герóя нáшего нýжно сказáть, что сéрдце у негó бы́ло сострадáтельно и онъ не мóгъ никáкъ удержáтся, чтобы не подáть бѣ́дному человѣ́ку мѣ́днаго

гроши́. Но предъ нимъ стои́тъ не ни́щiй, предъ нимъ стои́тъ
помѣ́щикъ.

И до тако́й ничто́жности, ме́лочности, га́дости могъ снизойти́
человѣ́къ! могъ такъ измѣни́ться! И похо́же э́то на пра́вду? Всё
похо́же на пра́вду, всё мо́жетъ ста́ться съ человѣ́комъ. Нынѣ́шнiй
же пла́менный ю́ноша отскочи́лъ бы съ у́жасомъ, если бы показа́ли
ему́ его же портре́тъ въ ста́рости. Забира́йте же съ собо́ю въ путь,
выходя́ изъ мя́гкихъ ю́ношескихъ лѣ́тъ въ суро́вое, ожесточа́ющее
му́жество, забира́йте съ собо́ю всѣ человѣ́ческiя движе́нiя, не
оставля́йте ихъ на доро́гѣ—не подыме́те пото́мъ! Грозна́, страшна́
гряду́щая впереди́ ста́рость, и ничего́ не отдаётъ наза́дъ и обра́тно!
Моги́ла милосе́рднѣе ея, на моги́лѣ напи́шется: Здѣсь погребёнъ
человѣ́къ; но ничего́ не прочита́ешь въ хла́дныхъ, безчу́вственныхъ
черта́хъ безчеловѣ́чной ста́рости.

Го́голь.

VOCABULARY.

A.

а, *conj.* and, but.
Адель, *sf.* Adèle, name of a woman.
áдресъ, *sm.* an address, direction.
Александровна, *sf.* female patronymic, daughter of Alexander.
Александръ, *sm.* Alexander.
аллея, *sf.* an avenue, a walk.
áлый, *adj.* red, vermilion-coloured; *comp.* алѣе.
амбáръ, *sm.* the storehouse.
áмбра, *sf.* amber.
áнгелъ, *sm.* an angel.
Англичáнинъ *m.*, -ка *f.*, an Englishman, -woman.
Англíйскiй, *adj.* English.
Андрéй, *sm.* proper name, Andrew.
анекдóтъ, *sm.* an anecdote.
Антóновичъ, *sm.* patronymic, son of Anthony.
Антóнъ, *sm.* Anthony.
Антóша, *sm.* diminutive of Anthony.
анчáръ, *sm.* the upas-tree.
Апóстолъ, *sm.* a book, containing the Acts of the Apostles and the Epistles.
арбýзъ, *sm.* a water-melon.
арéстъ, *sm.* an arrest.
ариѳмéтика, *sf.* arithmetic.
Армянинъ, *sm.* an Armenian.
аромáтъ, *sm.* perfume.
Артéмiй, *sm.* proper name, Artemas.

Архáнгельскiй, *adj.* of or belonging to Arkhangel.
ассигнáцiя, *sf.* a bank-note, an assignat.
атáковать or аттаковать, *va.* to attack.
атамáнъ, *sm.* the hetman of the Cossacks.
ахъ, *interj.* ah!

Б.

бáбка, *sf.* midwife.
багрянецъ, *sm.* purple.
баклáга, *dim.* баклáжка, *sf.* a wooden vessel.
барабáнъ, *sm.* a drum.
барáнъ, *sm.* a sheep.
барбóсъ, *sm.* a kind of dog.
бáринъ, *sm.* the master.
бáрскiй, *adj.* belonging to the lord or master.
бáрсовый, *adj.* made of panther's skin.
бáрхатный, *adj.* made of velvet.
баталióнъ or баталióнъ, *sm.* a battalion.
батарéя, *sf.* battery.
бáтька, *sm.* father, dim.
бáтюшка, *sm.* father (dim. term of endearment).
бáшня, *sf.* a tower.
Бедуйнъ, *sm.* a Bedouin.
безъ or безо, *prep. gen.* without.
безглáвый, *adj.* without a head, headless.

безглаго́льный, *adj.* without a voice.
безда́рный, *adj.* without talents.
бе́здна, *sf.* an abyss, gulf.
бездо́мный, *adj.* without a house.
безконо́чньный, *adj.* endless.
безмо́лвие, *sn.* silence.
безмо́лвный, *adj.* silent; -но, *adv.* silently.
безмы́сленный, *adj.* senseless; -но, *adv.* senselessly.
безнра́вственный, *adj.* immoral, profligate.
безотве́тный, *adj.* unreplying.
безотра́дный, *adj.* inconsolable.
безпа́мятство, *sn.* wanting of memory or consciousness.
безпоко́йство, *sn.* inquietude.
безпоко́ить, *va.* to disquiet, disturb; -ся, *vr.* to be disquieted.
безполе́зный, *adj.* useless.
безпоря́докъ, *sm.* disorder.
безпреста́нно, *adv.* continually.
безприме́рный, *adj.* unexampled.
безтолко́вый, *adj.* stupid, unintelligible; -но, *adv.* stupidly.
безу́мный, *adj.* mad, foolish.
безчи́сленный, *adj.* innumerable.
безчу́вственный, *adj.* unfeeling.
бе́регъ, *sm.* the shore, coast, bank.
Берёзовскій, *adj.* belonging to Beriozov.
Берёзовъ, *sm.* Beriozov, name of a town in Siberia.
берёзовый, *adj.* of or belonging to the birch.
Бе́рнскій, *adj.* of or belonging to Berne.
бесѣ́да, *sf.* discourse, conversation.
би́тва, *sf.* a combat, battle.
бить, бива́ть, *va.* to beat, strike.
бичева́ть, *va.* to beat, flagellate.
благоволи́ть, *vn.* to wish well to, be favourable to.

благово́ніе, *sn.* perfume, sweet smell.
благодари́ть, *va.* to thank.
благоро́діе, *sn.* his honour, title of some of the ranks in the Chin.
благоро́дный, *adj.* noble.
благоскло́нный, *adj.* well-disposed.
благослове́ніе, *sn.* benediction.
благословля́ть-слови́ть, *va.* to bless.
блескъ, *sm.* splendour.
блесте́ть, блесну́ть, *v.* to shine, sparkle, glitter.
бли́зкій, *adj.* near, adjacent.
близне́цъ, *sm.* a twin.
близъ, *prep. gen.* near.
бло́нда, *sf.* lace made of silk.
блужда́ть, *va.* to wander.
блѣ́дный, *adj.* pale.
блѣдне́ть, *vn.* to grow pale.
бога́тство, *sn.* riches, wealth.
бога́тый, *adj.* rich, wealthy.
богоуго́дный, *adj.* charitable.
Богъ, *sm.* God, a god.
боевой, *adj.* belonging to battle.
Бо́жій, *adj.* of or belonging to God.
бой, *sm.* battle, fight.
боково́й, *adj.* of or belonging to the side.
бокъ, *sm.* side, flank.
боло́то, *sn.* a marsh.
болта́ть, *va.* to shake, babble; -ся, *vr.* to be shaken, stirred.
больно́й, *adj.* sick, ill.
большо́й, *adj.* great, large, vast; *comp.* бо́лѣе and бо́лѣ, more.
болѣ́зненный, *adj.* sick, ill; -но, *adv.* sickly, feverishly.
болѣ́знь, *sf.* disease, malady.
борода́, *sf.* the beard.
боро́ть, *va.* to overcome; -ся, *vr.* to struggle, wrestle.
босо́й, *adj.* barefoot.
боя́ться, *vr.* to fear, apprehend, dread.

бракъ, *sm.* marriage.
братъ, *sm.* a brother.
брать, *va.* to take.
брить, *va.* to shave.
бричка, *sf.* a sort of carriage.
бровка, *sf.* edge of board.
бровь, *sf.* an eyebrow.
бродъ, *sm.* a ford
бронзовый, *adj.* made of bronze.
бросать, бросить, *va.* to throw, fling; -ся, to throw oneself, to rush.
брызгать, брызгнуть, *va.* to sprinkle, splash.
брызгъ, *sm.* a sprinkle, splash.
Бубенбергскій, *adj.* belonging to Bubenberg.
будто, *conj.* as if.
будущій, *adj.* future.
бузина, *sf.* black elder.
буйный, *adj.* violent, impetuous.
букетъ, *sm.* a bouquet, nosegay.
буколическій, *adj.* bucolic.
булатъ, *sm.* steel.
бумага, *sf.* paper.
бумагомарака, *sm.* a scribbler.
бумажка, *sf.* a piece of paper.
буранъ, *sm.* a snowstorm.
буря, *sf.* a storm, tempest.
бутылка, *sf.* a bottle.
бушевать, *vn.* to howl, rage.
бы, *particle*, denoting condition.
былой (more frequently in *neut.* былое), *adj.* that which is past.
быстрый, *adj.* rapid, swift.
быть, *sm.* state, condition.
быть and бывать, *vn.* to be, to exist, to become.
бѣдствіе, *sn.* calamity, distress.
бѣдный, *adj.* poor, miserable.
бѣдствовать, *vn.* to be in distress.
бѣжать and бѣгать, *vn.* to run, fly.
бѣлый, *adj.* white.
бѣлѣть, *vn.* to grow white.
бѣсъ, *sm.* a demon.
бюро, *sn.* a writing-table, bureau.

В.

важность, *sf.* importance.
важный, *adj.* serious, important; -но, *adv.* seriously.
валунъ, *sm.* a pebble.
валъ, *sm.* a rampart.
варить, *va.* to boil, cook.
Васильевичъ, *sm.* patronymic, son of Basil.
вашъ, *pron. poss.* yours.
вблизи, *adv.* near, in the vicinity.
вверхъ, *adv.* upwards.
ввечеру, *adv.* towards evening.
вволюшку, for въ волюшку, without restriction; *see* волюшка.
вдохновеніе, *sn.* inspiration.
вдругъ, *adv.* suddenly.
везти, возить, *va.* to convey, carry.
великій, *adj.* great.
великодушный, *adj.* generous, magnanimous; -но, *adv.* generously, magnanimously.
великолѣпный, *adj.* magnificent.
величественный, *adj.* majestic, sublime.
вельможа, *sm.* a great lord, grandee.
велѣть, *va.* to order.
верба, *sf.* a sallow.
вереница, *sf.* a row, a band.
верста, *sf.* a verst = 3500 English feet.
вертопрахъ, *sm.* a giddy fellow.
верхній, *adj.* upper.
верхомъ, *adv.* on the top, on horseback.
верхушка, *sf.* top, summit.
верхъ, *sm.* the upper part, top.
вершина, *sf.* the height, summit.
веселить, *va.* to enliven, cheer, rejoice; -ся, *vr.* to be merry.
веселіе, *sn.* joy.
веселый, *adj.* merry, cheerful, lively.
весна, *sf.* spring.

вестй or весть, *ra.* to bring, conduct (нѣтъ).
весь, *adj.* (*f.* вся, *n.* всё) all, the whole.
весьма, *adv.* very.
вечерній, *adj.* belonging to the evening, western.
вечеръ, *sm.* the evening.
взаймы, *adv.* as a loan, on credit.
взвидѣть, *ra.* to perceive suddenly.
взглядъ, *sm.* a gaze, a look.
взглядывать, взглянуть, *ra.* to look upon.
вздоръ, *sm.* nonsense.
взирать, воззрѣть, *ra.* to look upon.
взмахъ, *sm.* stroke.
взоръ, *sm.* a look.
взыграть, *rn.* to leap for joy.
взять (возьму), *ra.* to take; *imp.* возьми.
видимый, *adj.* visible.
видъ, *sm.* appearance.
видѣніе, *sn.* a sight, apparition.
видѣть, *ra.* to see; *irreg. imp.* виждь.
вино, *sn.* wine.
виноватый, *adj.* culpable, in fault.
висѣть, *rn.* to hang.
витія, *sm.* an orator.
вихорь, *sm.* whirlwind, tornado.
вишня, *sf.* a cherry.
вишь, *interj.* lo!
влага, *sf.* moisture.
влагать, вложить, *ra.* to place.
владыка, *sm.* lord, master, sovereign.
владычество, *sn.* government, power.
владѣтель, *sm.* proprietor, governor, prince. owner.
властный, *adj.* having power, powerful.
власть, *sf.* power, will.
влачить, *ra.* to draw, drag; -ся, *rr.* to draw oneself.

вліяніе, *sn.* influence.
влюблённый, *adj.* in love with.
вмигъ, *adv.* in a moment, in the twinkling of an eye.
вмѣсто, *prep. gen.* instead of.
вмѣстѣ, *adv.* together.
вмѣшивать, вмѣшать, *ra.* to mix; -ся, *rr.* to interfere in.
внизу, *adv.* below, down.
внизъ, ibid.
вниманіе, *sn.* attention.
внимательный, *adj.* attentive; -но, *adv.* attentively.
внимать, внять (внемлю), *ra.* to listen to, pay attention to.
вновь, *adv.* anew, again, over again.
внутри, *adv.* within.
внушать, внушить, *ra.* to suggest.
внѣшній, *adj.* external.
вовсе, *adv.* totally, quite.
вода, *sf.* water.
водвигать, водвинуть, *ra.* to drive, thrust.
водить, вести, *ra.* to lead, conduct.
водопадъ, *sm.* a waterfall.
воевать, *rn.* to fight, to contend.
воевода, *sm.* a voyevode.
воеводскій, of or belonging to a voyevode.
возбуждать, возбудить, *ra.* to awake.
возвращать, -ратить, *ra.* to give back, to return.
возвращеніе, *sn.* return.
возвышаться, *vr.* to rise.
возвѣщать, возвѣстить, *ra.* to announce.
возлѣ, *prep. gen.* beside, near, by.
возлюбленный, *adj.* beloved.
возмущать, возмутить, *ra.* to disturb, agitate.
возражать, возразить, *ra.* to reply.
возставать, возстать, *rn.* to arise.
возъ, *sm.* a cart.

война, *sf.* war.
воинство, *sn.* army, troops.
войско, *sn.* the army, troops.
вокругъ, *prep. gen.* round, around.
волна, *sf.* wave, billow.
волновать, *ra.* to agitate; -ся, to be agitated.
волосъ (власъ), *sm.* hair.
волочиться, *vr.* to run after.
волюшка, *sf.* dim. of воля.
волшебница, *sf.* a sorceress.
волъ, *sm.* an ox.
воля, *sf.* will.
вонъ, *adv.* out.
вопросительный, *adj.* enquiring.
вопросъ, *sm.* a question, interrogation.
ворковать, *vn.* to coo.
вороной, *adj.* black (applied to a horse).
ворота, *sm. pl.* gates.
воротникъ, *sm.* collar.
ворочать, воротить, *va.* to turn, roll.
восемь, *num.* eight.
воскресенскій, *adj.* belonging to the resurrection.
воспитаніе, *sn.* education, instruction.
воспоминать, -помянуть, *ra.* to recollect, remember.
востокъ, *sm.* the east.
восходить and всходить, взойти, *vn.* to go up, ascend.
вотъ, *adv.* behold.
впаденіе, *sn.* the act of falling into.
впереди, *adv.* before, in front.
впередъ, *adv.* before.
вплавь, *adv.* by swimming.
вполнѣ, *adv.* completely.
впрочемъ, *adv.* moreover, besides.
впрягать, впрячь, *va.* to fasten, harness; -ся, *vr.* to be fastened.
врагъ, *sm.* an enemy.

вражда, *sf.* enmity, animosity.
вредный, *adj.* pernicious.
временщикъ, *sm.* favourite, minion.
время, *sn.* (*gen.* времени) time, season.
вручать, вручить, *ra.* to deliver, put into the hand.
врѣзывать, врѣзать, *ra.* to make an incision.
всегда, *adv.* always.
вселенная, *sf.* the universe.
всё-таки, *adv.* for all that.
вскакивать, вскочить, and вскокнуть, *vn.* to leap in, skip in.
вскрикивать, вскричать, вскрикнуть, *ra.* to cry out, shriek.
всплывать, всплыть, *vn.* to float.
вспрыгивать, -гнуть, *vn.* to jump, leap.
вспыхивать, вспыхнуть, *vn.* to fly into a passion, to flash.
вспѣнивать, -ишть, *ra.* to froth, make foam.
вставать, встать, *vn.* to rise, get up.
вставливать, вставлять, вставить, *ra.* to put in.
встрепенуться, *vr.* to shudder, shiver, shake oneself.
встрѣча, *sf.* a meeting.
встрѣчать, встрѣтить, *ra.* to meet, receive.
вступать, вступить, *vn.* to enter.
всякій or всякъ, *adj.* each; *pron.* everybody.
всячина, *sf.* a medley; всякая всячина, odds and ends.
входить, войти, *ra.* to enter (вошѣти).
вчера, *adv.* yesterday.
въ and во, *prep., accu.* and *loc.*, in, into, to, at.
въѣзжать, въѣхать, *vn.* to drive, ride in.
выбѣгать, выбѣжать, *vn.* to run out.

выводи́ть, вы́вести, ra. to bring out.
выгиба́ть, вы́гнуть, ra. to bend, curve; -ся, rr. to be bent.
выгля́дывать, вы́глянуть, vn. to look out.
выде́рживать, вы́держать, ra. to sustain, maintain.
выдыха́ть, вы́дохнуть, ra. to breathe out.
выжива́ть, вы́жить, ra. to live, to supplant, dislodge.
выжига́ть, вы́жечь, ra. to burn out, or down.
вы́жить изъ ума́, vn. to go out of one's mind.
выка́зывать, вы́казать, ra. to shew off, exhibit.
выкла́дывать, вы́класть, and вы́ложить, ra. to inlay, cover, ornament.
вымышля́ть, вы́мыслить, ra. to invent, devise.
вынима́ть, вы́нуть, ra. to take out.
выноси́ть, вы́нести, ra. to bear, endure, carry out.
выпада́ть, вы́пасть, vn. to fall out.
выплыва́ть, вы́плыть, vn. to swim out.
вы́ползти and -ползать, vn. to creep out.
выпра́шивать, вы́просить, ra. to obtain permission.
выпры́гивать, вы́прыгнуть, vn. to jump out.
выпуска́ть, вы́пустить, ra. to let go, let out.
выража́ть, вы́разить, ra. to express; -ся, vr. to express oneself.
выраже́ніе, sn. expression.
выраста́ть, вы́рости, vn. to grow up, grow.
вырва́ть, вы́рвануть, rr. to tear out.

выска́зывать, вы́сказать, ra. to tell, shew.
выска́кивать, вы́скочить, and вы́скокнуть, vn. to leap out.
выслу́шивать, вы́слушать, ra. to hear out.
высма́тривать, -смотрѣ́ть, ra. to look out, discover.
высо́вывать, вы́сунуть, ra. to push out; -ся, vr. to thrust oneself out.
высо́кій, adj. tall, lofty, grand, haughty.
высокомѣ́ріе, sn. haughtiness, presumption.
выступа́ть, вы́ступить, vn. to step out, project.
высу́шивать, вы́сушить, ra. to dry.
высѣка́ть, вы́сѣчи, ra. to cut, flog.
выта́птывать, вы́топтать, ra. to trample, tread down.
выта́скивать, -таска́ть, -тащи́ть, ra. to drag out, pull out.
вытѣ́рпливать, вы́терпѣть, ra. to endure, bear.
вытя́гивать, вы́тянуть, ra. to stretch out.
выхва́тывать, вы́хватать, and -тить, va. to snatch out.
выходи́ть, вы́йти, or вы́йдти, vn. to go out, to come out.
вышина́, sf. height.
выѣзжа́ть, вы́ѣхать, vn. to go out, ride out.
вью́га, sf. a snow-storm.
вѣдь, adv. probably, without doubt.
вѣ́жлишка, sm. a miserable, fawning fellow (a word probably invented by Suvorov).
вѣ́жливость, sf. politeness, civility.
вѣкъ, sm. age.
вѣнча́ть, ra. to crown, to marry.
вѣ́ра, sf. faith.
вѣ́рить, ra. to believe.

вѣрность, *sf.* fidelity.
вѣрный, *adj.* true, faithful; -но, *adv.* truly.
вѣроятный, *adj.* probable; -но, *adv.* probably.
вѣсть, *sf.* news, tidings.
вѣтвь, *sf.* a branch.
вѣтеръ, *sm.* the wind; dim. вѣтерокъ.
вѣчный, *adj.* eternal.
вѣщій, *adj.* prophetic, wise.
вѣять, *ra.* to wave, to blow.

Г.

гадость, *sf.* odiousness.
гадъ, *sm.* a reptile.
галлерея or галлерея, *sf.* a gallery.
галстухъ, *sm.* a neck-tie, cravat (Ger. *halstuch*).
гаремъ, *sm.* a harem.
гармоническій, *adj.* harmonious.
гдѣ, *adv.* where; гдѣ-нибудь, *adv.* anywhere.
генералъ, *sm.* a general.
герой, *sm.* a hero.
гибель, *sf.* destruction, loss.
глава (poetical form of голова), *sf.* the head.
глаголъ, *sm.* a word.
гладкій, *adj.* dim. гладенькій, smooth, sleek.
глазъ, *sm.* (*pl.* глаза) the eyes; dim. глазокъ.
гласъ, *sm.* (same as голосъ) voice.
глубина, *sf.* a depth.
глубокій, *adj.* deep, profound; -ко, *adv.* profoundly.
глубокомысленный, *adj.* of profound thought.
глупый, *adj.* stupid.
глядѣть, глянуть, *ra.* to look upon, to look at.
гнать, *ra.* to drive fast (also гонять).
гнѣвъ, *sm.* anger.

говорить, *ra.* to speak, tell.
годъ, *sm.* a year.
голова, *sf.* the head.
головной, *adj.* belonging to the head.
голодный, *adj.* hungry.
голосъ, *sm.* voice.
голубой, *adj.* blue, sky-blue.
гора, *sf.* a mountain, hill.
гораздо, *adv.* much.
гордость, *sf.* pride.
горе, *sn.* sorrow, affliction.
гореваніе (-ванье), *sn.* grieving.
горечь, *sf.* bitterness.
горизонтъ, *sm.* the horizon.
горлица, *sf.* the turtle-dove.
горный, *adj.* belonging to the mountain.
городничій, *sm.* the mayor, the provost.
городской, *adj.* of or belonging to the town.
городъ, *sm.* town, city (dim. городокъ).
горькій, *adj.* bitter; пьётъ горькую, he is a regular sot.
горѣлка, *sf.* corn-brandy.
горѣть, *rn.* to burn.
Господь, *sm.* the Lord God.
гостепріимный, *adj.* hospitable.
гостинецъ, *sm.* a present.
гостить, *ra.* to be on a visit.
гость, *sm.* a guest, visitor.
государственный, *adj.* belonging to the empire, state.
государыня, *sf.* the empress; also madam.
государь, *sm.* sovereign, monarch, sir.
готовый, *adj.* ready, disposed, apt.
гравюра, *sf.* an engraving (Fr. *gravure*).
градусъ, *sm.* a degree.
градъ, *sm.* hail.
граница, *sf.* the frontier.
графинчикъ, *sm.* a small decanter.
графъ, *sm.* count.

Гребенскій, *sm. adj.* belonging to Greben.
Гречанка, *sf.* a Greek woman.
гроза, *sf.* a thunder-storm, threat, menace.
грозить, *va.* to threaten.
грозный, *adj.* terrible, severe; -но, *adv.* terribly, severely.
громада, *sf.* a large heap.
громкій, *adj.* loud, sonorous; -ко, *adv.* loudly.
громъ, *sm.* thunder.
грошъ, *sm.* a grosh, a sum of money equal to two copecks.
грубый, *adj.* coarse, rough.
грудь, *sf.* the breast.
Грузинъ, *sm.* Georgian.
грустный, *adj.* sad, dull, sorrowful; -но, *adv.* sorrowfully.
груша, *sf.* a pear-tree, a pear.
грѣть, *va.* to warm, to heat.
грѣшный, *adj.* sinful.
грядущій, *adj.* coming, future (*part.* of грясти, to come).
грязный, *adj.* dirty.
губернаторъ, *sm.* the governor.
губернія, *sf.* a government.
гудить, *vn.* to make a noise, to play music.
густой, *adj.* thick, dense; *comp.* гуще.
гусь, *sm.* a goose; *dim.* гусёкъ.
гуща, *sf.* the sediment, lees.

Д.

да, *adv.* yes; and, but; may, let.
давать, дать, *va.* to give, grant; дать въ займы, to lend.
давно, *adv.* long since.
даже, *adv.* even.
далёкъ and далечо: *comp.* далѣе and дальше, *adv.* far, distant.
дальній, *adj.* distant.
дама, *sf.* lady.
дарованіе, *sn.* a gift.
даромъ, *adv.* gratis, for nothing.

даръ, *sm.* a gift, present.
Дарыйлъ, *sm.* proper name, Darial, a place in the Caucasus.
два, *num.* (*f.* двѣ) two.
дверь, *sf.* the door.
двигать, двинуть, *va.* to move, put in motion; -ся, *vr.* to be moved.
движеніе, *sn.* movement.
дворовый, *adj.* domestic servant.
дворъ, *sm.* the court; -икъ, *masc.* diminutive.
девяносто, *num.* ninety.
девятый, *adj.* the ninth.
день, *sm.* day.
деньги, *sf. pl.* money.
департаментскій, *adj.* belonging to a department.
деревенскій, *adj.* belonging to a village, rural.
деревня, *sf.* estate, country seat.
дерево, *sn.* a tree, wood, timber.
деревянный, *adj.* wooden, made of wood.
держать, *va.* to hold, guard, keep: -ся, *vr.* to keep oneself.
дерзкій, *adj.* rude, insolent.
десница, *sf.* the right hand.
диванъ, *sm.* a divan, sofa.
дивный, *adj.* wonderful.
дикій, *adj.* savage.
дипломатъ, *sm.* a diplomatist.
дитя, *sn.* a child.
длинношейный, *adj.* long-necked.
длинный, *adj.* long.
для, *prep. gen.* for.
дно, *sn.* bottom, ground.
до, *prep. gen.* to, till, until.
добровольный, *adj.* spontaneous; -но, *adv.* spontaneously.
добродушный, *adj.* kind-hearted, sincere (frequently with a slightly depreciatory sense, like Greek *εὐήθης*).
доброта, *sf.* goodness, kindness.
добрый, *adj.* good, kind.
добывать, добыть, *va.* to acquire, gain.

доводи́ть, довести́, *ra.* to bring to, reduce.
дово́льный, *adj.* satisfied, content, sufficient; -но, *adv.* sufficiently.
дов́ренность, *sf.* confidence.
дов́рять, дов́рить, *ra.* to trust, believe in.
догорать, *rn.* to burn out.
дождь, *sm.* rain.
дожива́ть, дожи́ть, *rn.* to live till, attain the age of.
дожида́ть, дожда́ть, *ra.*, and -ся, *rr.* to wait for, await, expect.
докла́дъ, *sm.* report.
докопа́ться, *rr.* to discover by searching into.
до́лгiй, *adj.* long; -o, *adv.* long, a long time.
Долгору́ковъ, *sm.* proper name, Dolgorukov.
долгъ, *sm.* debt.
долета́ть, долет́ть, *rn.* to fly to, reach.
до́лжный, *adj.* due; должно́, one ought.
доложи́ть, *ra.* to report, announce.
до́льный, *adj.* low, situated in the valley.
до́ля, *sf.* fate, portion.
до́микъ, *sm.* dim. of домъ, a house.
домо́й, *adv.* homeward.
доро́га, *sf.* the way.
дорого́й, *adj.* dear, precious.
доро́жка, *sf.* a little road, path.
доро́жный, *adj.* belonging to the road, travelling.
достига́ть, дости́гнуть, дости́чь, *ra.* to attain, reach.
досто́инство, *sn.* merit.
доступа́ть, доступи́ть, *ra.* to meet, arrive at.
дотро́гиваться, -тро́нуться, *rr.* to touch.
доходи́ть, дойти́, *rn.* to come to, reach.

дохо́дъ, *sm.* revenue, income.
дочь, *sf.* daughter; dim. до́чка.
драгоц́нный, *adj.* precious, valuable.
древнiй, *adj.* old, ancient.
дремать, *rn.* to slumber.
дрему́чiй, *adj.* thick (of a wood).
дрова́, *sn. pl.* firewood.
дрожа́ть, *rn.* to tremble, shiver.
дрокъ, *sm.* broom.
друго́й, *adj.* other, another, second.
другъ, *sm.* a friend (*pl.* друзья́); dim. дружо́къ.
друж́чекъ, *sm.* dimin. of другъ.
дрянь, *sf.* nonsense.
дря́хлый, *adj.* decrepit, infirm.
дуга́, *sf.* a bow, arch.
ду́ма, *sf.* thought.
ду́мать, *rn.* to think, believe.
Дуна́й, *sm.* the Danube.
Дуна́йскiй, *adj.* belonging to the Danube.
дура́къ, *sm.* a fool.
духо́вный, *adj.* spiritual, belonging to the spirit or mind.
духъ, *sm.* breath, spirit.
душа́, *sf.* soul, conscience, heart; also term of endearment.
душегр́йка, *sf.* a warm jacket worn by women.
души́стый, *adj.* sweet-smelling, fragrant.
дыми́ть, *ra.* to fill with smoke; -ся, *rr.* to smoke.
ды́мный, *adj.* smoky, full of smoke.
дыня, *sf.* a melon.
дыха́нie, *sn.* breath, breathing.
дьячи́ха, *sf.* the wife of the church-clerk.
д́ва, *sf.* a girl.
д́вица, д́вушка, { *sf.* girl: д́вица, sometimes used before names of unmarried women, like Eng. miss.

дѣвственный, *adj.* virginal, maidenly.
дѣдъ, *sm.* grandfather.
дѣйствительный, *adj.* effective, real; -но, *adv.* in reality.
дѣйствіе, *sn.* action.
дѣлать, *ea.* to do, to make.
дѣло, *sn.* a deed.
дѣльно, *adv.* to the purpose, pertinently.
дядя, *sm.* uncle, a common term of address, like our 'old fellow.'

E.

Еврей, *sm.* a Jew.
едва, *adv.* hardly, scarcely.
единственный, *adj.* the only; -но, *adv.* only.
единый, *adj.* only, sole.
ей, *adv.* indeed, verily.
Екатерина, *sf.* proper name, Catherine.
ель, *sf.* fir.
ельникъ, *sm.* a wood of firs.
ермолка, *sf.* a cap.
Ерусалимъ, *sm.* Jerusalem.
если, *conj.* if, in case that.
еще, *adv.* more, again, more and more.

Ж.

жажда, *sf.* thirst.
жаждать, *vn.* to be thirsty.
жало, *sn.* a sting.
жаловаться, *vr.* to complain.
жалость, *sf.* pity.
жаль, *sf.* pity; used adverbially, it is a pity.
Жанъ, *sm.* Fr. Jean, proper name.
жаръ, *sm.* heat.
ждать, *ea.* to wait for, await, expect.
же and жъ, *conj.* us, to, but, also.
желаніе, *sn.* wish.
желать, *ea.* to wish, desire.

жёлобъ, *dim.* желобокъ, *sm.* gutter.
жёлтый, *adj.* yellow; *dim.* жёлтенькій.
желѣзный, *adj.* iron, made of iron.
жемчужный, *adj.* made of pearls, pearly.
жена, *sf.* a wife.
жениться, *vr.* to marry.
женскій, *adj.* belonging to a woman.
жертвовать, *ea.* to sacrifice.
жестокій, *adj.* severe, cruel.
жечь, жигнуть, *ea.* to burn.
живительный, *adj.* vivifying, quickening.
живой, *adj.* living.
живописный, *adj.* picturesque.
жидкость, *sf.* liquid.
жизнь, *sf.* life.
жила, *sf.* a vein.
житель, *sm.* an inhabitant.
жить, *vn.* to live.
жужка, *sf.* a kind of dog.
жуировать, *vn.* to sport, enjoy; Fr. *jouir*.
журчать, журкнуть, *vn.* to murmur.

З.

за, *prep., accu.* and *instr.,* after, behind, beyond; for, on account of; at, to.
забава, *sf.* amusement.
забавлять, забавить, *ea.* to amuse.
забвеніе, *sn.* forgetfulness.
забирать, *ea.* to take up, take on account, take account with.
заботливый, *adj.* solicitous, busy; -но, *adv.* busily.
забывать, забыть, *ea.* to forget; -ся, *vn.* to forget, forget oneself.
заведеніе, *sn.* establishment, institution.

завидѣть, va. to see, perceive.
зависть, sf. envy.
заводить, завести, vn. to commence, institute.
завѣтный, adj. agreed upon, promised.
завязывать, завязать, va. to tie, bind.
загадочный, adj. enigmatical.
заглядывать, заглянуть, vn. to look upon.
загремѣть, vn. to resound, rumble.
задній, adj. back.
задумываться, задуматься, vr. to become thoughtful or sad.
зажигать, зажечь, va. to light, set fire to.
заключаться, vr. to be included, to consist.
законопачивать, -патить, va. to stop, to shut up in.
закричать, vn. to cry out.
закружить, va. to make giddy.
закрывать, закрыть, va. to cover.
залаять, vn. to begin to bark.
заливать, залить, va. to flood, overflow.
залосниться, vr. to be glossy, have a polish.
замачивать, замочить, va. to wet; -ся, vr. to make oneself wet.
замертво, adv. dead, as if dead.
замёрзшій, part. frozen; from замерзать, to freeze.
замстать, замссти, va. to sweep.
заминать, замять, va. to tread under foot, put a stop to; -ся, vr. to stop short, be restive.
замирать, замереть, vn. to feel faint, lose consciousness.
замокъ, sm. castle.
замолчать, vn. to be silent, keep silence.
замѣтный, adj. observable, remarkable.
замѣчательный, adj. remarkable.

замѣчать, замѣтить, va. to remark.
занимать, занять, va. to occupy; -ся, vr. to occupy oneself.
заносить, занести, va. to cover up, to carry away.
западъ, sm. the setting of the sun, the west.
запасать, запасти, va. to supply, furnish.
запачкивать, запачкать, va. to daub, bedaub.
запирать, запереть, va. to shut.
заплакать, vn. to begin to weep.
заплёвывать, заплевать, va. to spit on.
заплечье, sn. the back of the shoulders.
запрещать, запретить, va. to forbid, prohibit.
запутывать, запутать, va. to entangle, embroil.
заранѣе, adv. early.
зарево, sn. the redness of the sky.
зарѣзывать, зарѣзать, va. to begin to cut the throat, to murder.
заря, sf. the dawn.
засаливать, засалить, va. to grease; -ся, vr. to be greasy.
заслуживать, заслужить, va. to merit, deserve.
засматривать, засмотрѣть, va. to look at.
заставать, застать, va. to find.
застигать, застигнуть, and застичь, va. to surprise, overtake.
застывать, застынуть, vn. to congeal.
застѣнчивость, sf. bashfulness, coyness.
затаивать, затаить, va. to conceal, secrete; -ся, vr. to conceal oneself.
затворять, затворить, va. to shut, close.

затихáть, затихнуть, vn. to grow calm.
заточéнie, sn. confinement, imprisonment.
затылокъ, sm. the nape of the neck.
заунывный, adj. melancholy.
захвáтсвовать, захватить, va. to catch, occupy, seize.
звáнie, sn. vocation, profession, calling.
звать, va. to call.
звонъ, sm. a sound, peal of a bell.
звукъ, sm. a sound.
звучный, adj. sonorous.
звѣздá, sf. a star.
звѣрь, sm. wild beast.
здорóвье, sn. health.
здрáвствовать, vn. to be in good health; здрáвствуй, imp. hail! good morning!
здрáвый, adj. healthy.
здѣсь, adv. here.
здѣшнiй, adj. belonging to this place.
зелёный, adj. green.
зéлень, sf. verdure.
землú, sf. the earth.
землянúкъ, sm. the digger.
земнóй, adj. belonging to the earth; земнóй поклóнъ, a bow to the ground.
зéркало, sn. a looking-glass.
зимá, sf. winter.
зúмнiй, adj. belonging to winter.
зло, sn. evil, misfortune.
злóбный, adj. malicious, spiteful.
зловѣщiй, adj. ominous.
злодѣй, sm. the villain, miscreant.
злой, adj. wicked, bad.
злость, sf. fury.
змѣй, sm. a snake.
знай, adj. nevertheless; то-и-знай, continually.
знакóмый, sm. acquaintance.

знáмя, sn. colours, standard.
знáтный, adj. distinguished, illustrious.
знать, va. to know, understand.
значéнie, sn. signification.
знáчить, va. to signify, mean.
зной, sm. sultriness.
знóйный, adj. sultry, burning, festering.
зóлото (poet. злáто), sn. gold.
золотóй, adj. made of gold, golden.
зонтикообрáзный, adj. shaped like an umbrella.
зóренька, sf. dimin. of заря, the dawn.
зрúтель, sm. a spectator.
зубочúстка, sf. a tooth-pick.
зубъ, sm. a tooth.
зыбкiй, adj. shaky, unsteady.
зѣница, sf. the pupil of the eye.

И.

и, conj. and, also, too; even.
úбо, conj. for.
úва, sf. the willow.
Ивáновичъ, sm. son of John, a patronymic.
Ивáновна, sf. patronymic, Ivanovna, daughter of John.
Ивáнъ, sm. proper name, John; dim. Ивáнушка.
игрáть, va. to play, sport.
игрýшка, sf. a toy, plaything.
идтú and иттú, vn. to go, come, walk (шéлъ).
избá, sf. a cottage, peasant's house.
избавлéнie, sn. deliverance, liberation.
избирáть, избрáть, va. to select.
извинúть, извинúть, va. to excuse, forgive.
извóлить, va. to be pleased, think proper to do.

извѣщеніе, sn. information.
изголубоватѣмный, adj. which had grown dark from being blue.
издерживать, издержать, ta. to spend.
измѣна, sf. treason.
измѣнять, измѣнить, ta. to change, alter; -ся, rr. to change, become changed.
изнемогать, изнемочь, sn. to grow feeble or infirm.
изобиліе, sn. abundance.
изображать, изобразить, ta. to represent, figure.
изрѣдка, adv. rarely, seldom.
изумленіе, sn. astonishment.
изумлять, изумить, ta. to astonish; -ся, rr. to be astonished.
изъ and изо, prep. gen. out of, from.
изъ-за, gen. from behind.
изъ-подъ, gen. from under.
изъяснять, изъяснить, ta. to explain; -ся, rr. to explain oneself.
изящный, adj. elegant, fine.
икона, sf. a sacred picture (portrait of a saint).
или, conj. or.
именно, adv. particularly.
императрица, sf. the empress.
имѣть, ta. to have, possess.
имя, sn. the name.
иначе, adv. otherwise.
иней, sm. rime, hoarfrost.
иногда, adv. sometimes.
иногородный, adj. belonging to another town.
иной, adj. other, another.
инородецъ, sm. a stranger, foreigner.
иностранный, adj. foreign.
ироническій, adj. ironical.
искажать, исказить, ta. to disfigure, mutilate.
искать, ta. to seek, search, look for.

искра, sf. a spark.
искусственный, adj. artificial.
испареніе, sn. exhalation.
исписывать, исписать, ta. to fill or cover with writing.
исполинскій, adj. belonging to a giant.
исполненіе, sn. fulfilment, accomplishment.
исполненный, past part. filled.
исполнять, исполнить, ta. to fulfil.
испугать, ta. to frighten; -ся, rr. to be afraid.
испускать, испустить, ta. to emit, exhale.
испытывать, испытать, ta. to try, prove, test.
истина, sf. truth.
истинный, adj. true; -но, adv. truly.
исторія, sf. the story, history.
истреблять, истребить, ta. to destroy.

I.

Іеръ, sm. name of an island on the south coast of France, Hyères.

К.

кабаній, adj. belonging to a wild boar.
Кабардинецъ, sm. an inhabitant of the Kabarda.
кабинетъ, sm. cabinet.
каблукъ, sm. heel.
каждый, adj. and pron. each.
Казакъ, sm. Cossack.
казарма, sf. a barracks.
Казачина, sm. a fine young Cossack.
Казачка, sf. a Cossack girl.

казаться, *vr.* to appear.
Казбекъ, *sm.* name of a mountain in the Caucasus.
казна́, *sf.* the public chest, treasure.
казни́ть, *va.* to punish, execute.
како́й, *pron.* what, such that, such as.
какой-то, *pron.* some one, a certain person; also како́й нибу́дь, *pron.* of what sort soever.
какъ, *adv.* how? in what manner? as, like; when.
какъ-бу́дто, *adv.* as if.
калья́нъ, *sm.* the narghileh, Oriental pipe.
ка́менный, *adj.* stony, made of stones.
ка́меръ-лакей, *sm.* a lackey of the court, footman.
кандитеръ, *sm.* confectioner.
кантони́стъ, *sm.* a soldier's son.
ка́пать, ка́пнуть, and ка́нуть, *vn.* to drop, trickle.
капита́нъ, *sm.* the captain.
карава́нъ, *sm.* a caravan.
каре́та, *sf.* a couch, carriage.
карма́нъ, *sm.* pocket.
карти́на, *sf.* picture.
каса́ться, коснуться, *vr.* to touch.
Каси́мово, *sn.* name of a place, Kasimovo.
ка́ска, *sf.* a casque, helmet.
Каспій, *sm.* the Caspian Sea.
кача́ть, *va.* to rock, shake.
ка́шка, *sf.* trefoil, clover.
кедръ, *sm.* the cedar.
ке́лья and ке́ллія, *sf.* cell.
киби́тка, *sf.* a carriage.
кида́ть, ки́нуть, *va.* to cast aside, abandon.
кинжа́лъ, *sm.* a dagger, poniard.
кипѣ́ть, *vn.* to boil, bubble.
кирпи́чъ, *sm.* a brick.
кисть, *sf.* pencil.
Кита́йскій, *adj.* Chinese.

ки́тель or ки́ттел., *sm.* a linen dress (worn by soldiers).
класть, *va.* to put, set.
клей, *sm.* glue.
клёнъ, *sm.* maple.
кли́кать, кли́кнуть, *va.* to call.
кликъ, *sm.* a cry.
кли́рось, *sm.* the quire.
клокъ, *sm.* a small piece.
клю́чникъ, *sm.* butler, steward.
клю́чница, *sf.* housekeeper.
кни́га, *sf.* a book; *dim.* кни́жка.
княги́ня, *sf.* princess, wife of a князь.
княжна́, *sf.* princess (daughter of a князь and unmarried).
князь, *sm.* a prince.
кова́рный, *adj.* crafty.
ковёръ, *sm.* a carpet.
кови́ль, *sm.* feather-grass.
ковыря́ть, ковырну́ть, *va.* to pick (as the teeth).
когда́, *adv.* when; *conj.* when, if.
кое-какъ, *adv.* some way or other.
ко́жа, *sf.* the skin, leather.
ко́жаный, *adj.* made of leather.
ко́злы, *sm. pl.* the coach-box.
кой-гдѣ, *adv.* somewhere.
коко́нъ, *sm.* a cocoon.
ко́локолъ, *sm.* a bell; *dim.* колоко́льчикъ.
ко́лось, *sm.* an ear of corn.
колпа́къ, *sm.* a night-cap.
колыбѣ́ль, *sf.* cradle.
колыха́ть, *va.* to shake, wave; -ся, *vr.* to move rapidly, to wave (*neu.*).
кольцо́, *sn.* a ring.
кольчу́га, *sf.* chain-mail.
колѣ́но, *sn.* the knee.
Ко́ля, *sm. dim.* of Nicholas.
коля́ска, *sf.* an open carriage; *Fr. calèche.*
команди́ръ, *sm.* a commander.
кома́ндовать, *va.* to command.
коме́дія, *sf.* comedy.
коменда́нтъ, *sm.* commander.

комическій, *adj.* comic.
комната, *sf.* room, chamber, apartment.
конецъ, *sm.* the end.
конечно, *adv.* certainly, indeed.
конфузія, *sf.* confusion (a mere affected use of a French word).
кончать, кончить, *va.* to end, finish.
конь, *sm.* a horse.
конюшня, *sf.* a stable.
кора́, *sf.* bark.
Коранъ, *sm.* the Koran.
корень, *sm.* a root.
король, *sm.* king.
короткій (краткій), *adj.* short, brief.
короткобрюхій, *adj.* having short bellies.
короткохвостый, *adj.* short-tailed.
коса́, *sf.* a tress of hair, a scythe.
косвенный, *adj.* oblique, indirect; -но, *adv.* obliquely.
косма́, *sf.* a lock of hair.
котелъ, *sm.* a kettle.
котома́, *sf.* dim. котомка, *sf.* a wallet, scrip.
который, *pron. rel.* who, which; *inter.* who?
котъ, *sm.* a cat.
кофточка, *sf.* a kind of woman's jacket.
край, *sm.* border, edge, country.
крайній, *adj.* last, utmost; по крайней мѣрѣ, at least.
крайность, *sf.* the extremity.
кракалье or каркалье, *sn.* croaking.
краса́, *sf.* beauty.
краска, *sf.* a colour.
красный, *adj.* red, beautiful.
красота́, *sf.* beauty.
красотка, *sf.* a beautiful girl.
кресла, *sn. pl.* arm-chair.
крестить, *va.* to baptize; -ся, *rr.* to cross oneself.
кривляться, *ir.* to make grimaces.

крикъ, *sm.* a cry.
кричать, крикнуть, *vn.* to cry.
кровавый, *adj.* bloody, stained with blood.
кровля, *sf.* roof.
кровъ, *sm.* roof, covering.
кровь, *sf.* blood.
кромѣ, *prep. gen.* except, besides.
кроткій, *adj.* kind, good.
кругомъ, *adv.* round about.
кругъ, *sm.* circle.
кружка, *sf.* a tankard, jug.
крутой, *adj.* steep.
крыло́, *sn.* wing.
крыльцо́, *sn.* a porch, flight of steps.
крыть, *va.* to cover, hide.
крыша, *sf.* the roof.
крѣпокъ, *comp.* крѣпче, *adv.* strongly.
крѣпость, *sf.* a fortress.
кто нибудь, *pron.* some one.
кубокъ, *sm.* goblet, cup.
кузнечикъ, *sm.* a grasshopper.
кукишъ, *sm.* a fig, *prov.*
кулишъ, *sm.* meal.
купать, *va.* to bathe; -ся, *rr.* to bathe oneself.
купецъ, *sm.* a merchant.
купить, *va.* to buy.
купчиха, *sf.* a merchant's wife.
курить, *va.* to perfume, smoke; -ся, *vr.* to be smoked.
курица, *sf.* a hen, a fowl.
куропатка, *sf.* a partridge.
курьеръ, *sm.* a courier.
кусокъ, *sm.* a piece; dim. кусочекъ.
кусточекъ, *sm.* dim. of кустъ, little shrub.
кустъ, *sm.* a bush, shrub.
кухня, *sf.* the kitchen.
куча, *sf.* a heap.
кучеръ, *sm.* the coachman.
кушъ, *sm.* a stake at a game.
къ and ко, *prep. dat.* to, towards.

Л.

ла́вка, *sf.* a bench, shop.
Лавре́цкій, *sm.* name of a man, Lavretzki.
ла́герь, *sm.* the camp.
Ла́дога, *sf.* name of a town in North Russia, Ladoga.
ладо́ша, *sf.* the palm of the hand; бить до ладо́ши, to clap hands, applaud.
ладъ, *sm.* tune, harmony, concord.
лай, *sm.* barking.
лампа́да, *sf.* a lamp.
ла́па, *sf.* a paw.
ла́ска, *sf.* caress, kindness.
ласка́ть, *va.* to caress, wheedle, flatter; also -ся, *vr.*
ла́сковый, *adj.* affable, kind, gracious; -о, *adv.* graciously.
лгунъ, *sm.* a liar.
ле́бедь, *sm.* a swan.
лебя́жій, *adj.* belonging to a swan.
леге́нда, *sf.* a legend.
лёгкій, *adj.* light; *comp.* ле́гче.
легков ѣ́ріе, *sn.* credulity.
легков ѣ́рный, *adj.* credulous.
лёдъ, *sm.* ice.
лежа́ть, *vn.* to lie.
Лель, *sm.* Lel, said to be the Slavonic god of love.
лет ѣ́ть and лета́ть, *vn.* to fly.
лжи́вка, *sm.* a miserable liar, a term probably invented by Suvorov.
ли and ль, *interrogative particle.*
либера́лъ, *sm.* liberal.
Лизе́та, *sf.* proper name, Lisette, Fr.
ликъ, *sm.* face.
лило́вый, *adj.* lilac-coloured.
лимо́нъ, *sm.* a lemon.
ли́па, *sf.* a linden-tree, lime tree.
ли́сій, *adj.* belonging to a fox.
листъ, *sm.* a leaf.
литерату́ра, *sf.* literature, writings.
лить, *va.* and *v.* to pour, be poured, to flow; ли́ться, to flow, be poured.
лицо́, *sn.* face, visage, person, character, front.
личи́на, *sf.* the mask.
лиша́ть, лиши́ть, *va.* to bereave, deprive.
лишь, *adv.* as soon as; only, but.
лобза́ть and лобыза́ть, *va.* to kiss, salute.
лобъ, *sm.* forehead.
лови́ть, *va.* to catch, take, seize.
ложи́ться, *vr.* лечь (*fut.* ля́гу), to lie down.
ложь, *sf.* (*gen.* лжи) falsehood.
лоза́, *sf.* branch, twig.
ло́но, *sn.* bosom.
лопа́та, *sf.* shovel.
ло́пать, *va.* to crack, break; -ся, *vr.* crack, break.
ло́шадь, *sf.* a horse.
лугово́й, *adj.* belonging to a meadow.
лугъ, *sm.* a meadow, lawn.
лу́жа, *sf.* a pool.
лука́вка, *sm.* a sneaking, crafty fellow (probably invented by Suvorov).
лука́вый, *adj.* sly, cunning.
лукъ, *sm.* a bow; garlic.
луна́, *sf.* the moon.
лу́чше, *adv.* better.
лы́ко, *sn.* the bark of a linden tree.
л ѣзть, ла́зить, *vn.* to come down, or out.
л ѣни́вый, *adj.* idle, lazy; -но, *adv.* lazily.
л ѣсно́й and л ѣсово́й, *adj.* made of wood.
л ѣ́стница, *sf.* the staircase, the stairs.
л ѣсъ, *sm.* a wood.

VOCABULARY. 143

лѣтній, *adj.* belonging to the summer.
лѣто, *sn.* summer, year, age.
любезный, *adj.* dear, amiable.
любимый, *adj.* loved, beloved, favourite.
любить, *ra.* to love, to like.
любовь, *sf.* love.
любопытство, *sn.* curiosity.
люди, *sm.* men, people (used only in plural).
людской, *adj.* human, belonging to men.
люстра, *sf.* a lustre.
Ляпкинъ-Тяпкинъ, *sm.* proper name, Liapkin-Tiapkin.

М.

Май, *sm.* the month of May.
Малороссія, *sf.* name of a part of Russia, Malo or Little Russia.
малый, *adj.* little; мало по малу, little by little; мало того, nay, more.
мальчикъ, dim. -чишка, *sm.* a boy, lad.
Марья, *sf.* proper name, Mary.
маска, *sf.* a mask.
масло, *sn.* oil, butter.
масляный, *adj.* belonging to oil.
материкъ, *sm.* the continent, mainland.
матушка, *sf.* mother (dim. term of endearment).
мать, *sm.* bloom.
мать, *sf.* mother.
махать, махнуть, *ra.* to brandish, wave.
Машенька, *sf.* dim. of Mary, Polly.
маятникъ, *sm.* a pendulum.
мгла, *sf.* mist.
мгновеніе, *sn.* moment.
мебель, *sf.* furniture (Fr. *meuble*).

медаліонъ or -льонъ, *sm.* a medallion.
медленный, *adj.* slow.
между and межъ, *prep., inst.* and *gen.,* between, amidst.
мелкій, *adj.* petty, small; -ко, *adv.* small, in a small way.
мелочность, *sf.* insignificance.
мелькать, мелькнуть, *vn.* to gleam for a moment.
Меншиковъ, *sm.* proper name, Menshikov.
мерещиться, *vr.* to glimmer in the distance.
меринъ, *sm.* a gelding.
мёртвый, *adj.* dead.
мечта, *sf.* thought, fancy.
мечтаніе, *sn.* a vision, fancy.
мечъ, *sm.* the sword.
милліонъ, *sm.* a million.
милосердый, *adj.* merciful.
милостивый, *adj.* gracious, favourite; -во, *adv.* graciously.
милость, *sf.* favour, kindness.
милый, *adj.* dear; *comp.* милѣй.
мимо, *adv.* and *prep. gen.* past; by.
Мининъ, *sm.* Minin, name of a man.
минута, *sf.* a minute.
мирный, *adj.* peaceful.
Мироновъ, *sm.* proper name, Mironov.
Михѣевъ, *sm.* a man's name, Mikheév.
міръ, *sm.* the world.
младой; *see* молодой.
многіе, *adj. pl.* several.
много, *adv.* much.
многолюдный, *adj.* populous.
множество, *sn.* multitude, great quantity.
моветонъ, Fr. *mauvais ton.*
могила, *sf.* a grave.
могучій, *adj.* strong, robust.
модный, *adj.* fashionable.
можно, *v. imp.* one may, it is possible.

мозáика, *sf.* mosaic.
мой, *pron. poss.* my.
мóкрый, *adj.* wet, moist.
мóлвить, *va.* to say.
молéніе, *sn.* the act of praying.
молодéцъ, *sm.* a young man, youth, a fine fellow.
молодѝца, *sf.* a young girl.
молодóй, *adj.* young (poetical form младóй).
молчáніе, *sn.* silence.
молчáть, *vn.* to be silent, keep silence.
монастырь, *sm.* monastery, convent.
моргáть, моргнýть, *vn.* to blink, twinkle.
мóрда, *sf.* the muzzle.
мóре, *sn.* the sea.
морóзъ, *sm.* post.
морскóй, *adj.* belonging to the sea.
Москвá, *sf.* Moscow (name of place).
мочь, *vn.* to be able (могъ, могла, могло).
мочь, *f.* strength, power.
мошéнникъ, *sm.* a pickpocket, a rogue.
мракъ, *sm.* darkness, obscurity.
мрáморный, *adj.* made of marble.
мрáчный, *adj.* gloomy, dark.
мýдрый, *adj.* wise, prudent.
мýжество, *sn.* manhood.
мужѝкъ, *sm.* a peasant.
мужъ, *sm.* (*pl.* мýжи) a man; (*pl.* мужья) a husband.
мýзыка, *sf.* music.
мýка, *sf.* torment, pain.
мукá, *sf.* flour, meal.
мундѝръ, *sm.* uniform (e. g. of a soldier).
Мусульмáнъ, *sm.* a Mussulman.
мýтный, *adj.* troubled, disturbed, muddy.
мýха, *sf.* a fly.

мчать, *va.* to hurry away, whirl; -ся, *vr.* to hurry away, flit.
мы, *pron. pers.* we.
мысль, *sf.* thought.
мыть, *va.* to wash.
мытьё and мытіе, *sn.* the act of washing.
мышь, *sf.* a mouse.
мѣдный, *adj.* made of copper.
мѣдь, *sf.* copper.
мѣра, *sf.* measure.
мѣрный, *adj.* measured.
мѣсто, *sn.* place, spot.
мѣсяцъ, *sm.* the moon, a month.
мѣхъ (*pl.* мѣхá), *sm.* fur.
мѣшóкъ, *sm.* a bag, sack.
мягкій, *adj.* soft, tender.
мясо, *sn.* flesh, meat.

H.

на, *interj.* there! hold!
на, *prep., accu.* and *loc.,* on, upon, up, in, against.
набивáть, набѝть, *va.* to fill.
набрóсникъ, *sm.* one who throws.
набрюшникъ, *sm.* a comforter.
набѣгáть, набѣжáть, *vn.* to rush in.
навáливать, навалѝть, *vr.* to heap up.
навстрѣчу, *adv.* to meet any one (so occasionally spelled, but better treated as two words, a preposition and substantive).
навѣшать, *va.* to hang in quantities.
навѣшивать, навѣсить, *va.* to suspend, hang.
нагромоздѝть, *va.* to heap up, pile up.
надвѝгивать, надвѝгать, and -вѝнуть, *va.* to draw or push on.
надежда, *sf.* hope, trust.
надержáть, *va.* to hold.
надзирáтель, *sm.* overseer.
надмéнный, *adj.* haughty, proud.

надо, for надобно, adj. n. it is necessary, one ought.
надъ and надо, prep. inst. over, on, upon.
надѣвать, надѣть, ra. to put on.
надѣяться, vr. to hope.
наёмный, adj. hired.
нажинать, нажить, ra. to acquire.
назади, назадъ, adv. back, ago, behind.
названіе, sn. appellation.
называть, назвать, vn. to call.
наказывать, наказать, va. to punish, chastise.
наконецъ, adv. in the end, at last, finally.
накрывать, накрыть, va. to cover.
накрытый, part. covered.
наливаться, налиться, vr. to be filled (as with juice).
налокотникъ, sm. elbow-guard (of armour).
налѣпивать, налѣпать, va. to do anything unskilfully.
нападеніе, sn. the attack.
напиваться, напиться, vr. to drink one's fill.
написать, va. to write on; -ся, vr. to be written.
напитывать, наштать, va. to soak, steep.
напоевать, напоить, va. to give to drink.
наполнять, наполнить, va. to fill; -ся, vr. to be filled.
направо, adv. on the right.
напрасно, adv. vainly, in vain.
напримѣръ, adv. for example.
напропалую, adv. recklessly (на + adj. пропалой).
напротивъ, prep. gen. in opposition to.
напыщенный, adj. inflated.
напѣвъ, sm. tune.
народный, adj. popular, national.
народъ, sm. the people.
нарочный, adj. express, designed;

-но, adv. on purpose, designedly.
наружность, sf. the outside, exterior.
наружный, adj. outside, exterior.
нарядъ, sm. a dress.
насквозь, adv. thoroughly.
наслаждаться, vr. to enjoy oneself.
наслажденіе, sn. enjoyment, delight.
наставать, настать, vn. to come on, approach.
настежь, adv. wide open.
настораживать, насторожить, va. to prick up the ears.
настоящій, adj. actual, present.
настроивать, настроить, va. to build, construct.
насчётъ, adv. at the expense of.
насѣкомое, sn. an insect.
натура, sf. nature.
натуральный, adj. natural; -но, adv. naturally.
находить, найти, va. to find, discover; -ся, to find oneself.
находчивость, sf. readiness, presence of mind.
національность, sf. nationality.
начальство, sn. the government.
начинать, начать, va. to begin; -ся, vr. to begin.
нашествіе, sn. the invasion.
нашаромыжку, adv. in a free-and-easy way, perhaps from Fr., "cher ami."
нашъ, pron. poss. our.
наѣздъ, sm. an incursion, invasion.
не, adv. not.
небесный, adj. heavenly.
неблагодарный, adj. ungrateful.
небо, sn. (pl. небеса) the heavens.
небольшой, adj. little, small.
невзгода, sf. misfortune.
невинность, sf. innocence.
неволя, sf. slavery; по неволѣ, against one's will.

невольный, *adj.* involuntary; -но, *adv.* involuntarily.
невѣжество, *sn.* ignorance.
невѣрный, *adj.* faithless.
негодяй, *sm.* a worthless fellow.
недавній, *adj.* recent.
недвижимый, *adj.* immovable.
недовольный, *adj.* discontented with.
недостойный, *adj.* unworthy.
недоумѣніе, *sn.* doubt, perplexity.
недугъ, *sm.* malady, infirmity.
неестественный, *adj.* unnatural.
незамѣтный, *adj.* imperceptible; -но, *adv.* imperceptibly.
незнакомый, *adj.* unknown.
неизбѣжный, *adj.* inevitable; -но, *adv.* inevitably.
неизвѣстный, *adj.* unknown.
неизмѣримый, *adj.* immense, immeasurable.
неизъяснимый, *adj.* inexplicable.
нейти and нейдти, *vn.* not to come.
нелокій, *adj.* awkward, inconvenient.
нельзя, *v. imp.* it is impossible.
нелѣпость, *sf.* absurdity.
нелѣпый, *adj.* absurd.
немедленный, *adj.* speedy, quick; -но, *adv.* quickly.
немогузнайка, *sm.* a silly, ignorant fellow, probably a word invented by Suvorov.
необозримый, *adj.* immense, infinite.
необыкновенный, *adj.* unusual; -но, *adv.* unusually.
неограниченный, *adj.* unlimited, unbounded.
неожиданный, *adj.* unexpected.
неопредѣленный, *adj.* indefinite.
непобѣдимый, *adj.* invincible.
неподвижный, *adj.* immovable; -но, *adv.* immovably.
непостоянство, *sn.* unsteadiness, inconstancy.

неправда, *sf.* untruth; *adv.* it is not true.
неприличный, *adj.* improper; -по, *adv.* improperly.
неспокойный, *adj.* unquiet, disturbed.
несправедливость, *sf.* injustice.
нести, носить, *va.* to bring; -сл, *vr.* to be borne.
нетерпѣливый, *adj.* impatient; -но, *adv.* impatiently.
нетерпѣніе, *sn.* impatience.
почёткій, *adj.* illegible.
ночто, *pron.* nothing.
несчастный or несчастный, *adj.* unhappy, unlucky.
неясный, *adj.* indistinct.
ни, *conj.* neither, no.
нива, *sf.* a corn-field.
нижній, *adj.* under, lower; -нее платье, breeches.
низкій, *adj.* (*dim.* низенькій) small, low-built; base, vile.
низменность, *sf.* low situation, depression.
низость, *sf.* baseness.
никакой, *pron.* any.
никакъ, *adv.* by no means.
Никифоръ, *sm.* proper name, Nicephorus.
никогда, *adv.* never.
Николай, *sm.* proper name, Nicholas.
никто, *pron.* nobody, no one, none; ничто, nothing.
Нилъ, *sm.* name of the river Nile.
нить, *dim.* нитка, *sf.* a thread.
Ницца, *sf.* Nice, name of a place.
ничто, *pron.* nothing.
ничтожность, *sf.* nothingness.
нищій, *adj.* a poor man, a beggar.
но, *conj.* but, yet.
Новороссія, *sf.* New Russia.
новый, *adj.* new, modern, recent.
нога, *sf.* a foot, leg.
нора, *sf.* a burrow, hole.

ночлегъ, *sm.* a place for spending the night.
ночной, *adj.* belonging to the night, nightly.
ночь, *sf.* the night.
нравиться, *vr.* to please.
нравственный, *adj.* moral.
нравъ, *sm.* disposition, temper.
ну, *interj.* now, well.
нужда, *sf.* necessity.
нужный, *adj.* necessary.
нумеръ, *sm.* number.
нынѣ, *adv.* now.
нынѣшный, *adj.* the present, existing at this time.
нѣжность, *sf.* tenderness.
нѣжный, *adj.* soft, delicate.
нѣкогда, *adv.* formerly.
нѣкоторый, *adj.* certain, some.
нѣсколькій, *adj.* some; -ко, *adv.* a few, some.
нѣтъ, *adv.* no, not.
нюхать, шохнуть, *va.* to scent, smell.

O.

о, объ, or обь, *prep., accu.* and *loc.*, against, of, concerning, about, round.
обагрить, обагить, *va.* to stain.
обвѣшивать, обвѣшать, *va.* to hang round, to cover.
обида, *sf.* affront, offence.
обидный, *adj.* offensive, injurious.
обитать, *vn.* to dwell, live.
обитель, *sf.* abode, convent, cloister.
облако, *sn.* a cloud.
обласкивать, обласкать, *va.* to treat kindly, make much of.
облекать, облечь, and облещи, *va.* to clothe, invest.
обливать, облить, *va.* to pour over.
обманывать, обмануть, *va.* to deceive.
обнимать, обнять, *va.* to embrace.

обносить, обнести, *va.* to carry round, enclose.
обокрасть, *va.* to plunder.
оболочка, *sf.* covering.
обольстительный, *adj.* alluring, deceptive.
обомлѣть, *vn.* to feel stupified.
оборотиться, обратиться, *vr.* to turn.
оборотъ, *sm.* turn.
образъ, *sm.* form, manner.
обратно, *adv.* back again.
обращать, обратить, *va.* to turn; -ся, *vr.* to be turned, to become.
обращеніе, *sn.* intercourse.
обручать, обручить, *va.* to betroth; -ся, *vr.* to be betrothed.
обручение, *sn.* betrothal.
обрывистый, *adj.* abrupt.
обрѣзъ, *sm.* the edge.
обрядъ, *sm.* ceremony, rite.
обступать, обступить, *va.* to surround.
обтирать and отирать, обтереть and отереть, *va.* to rub, wipe.
обученіе, *sn.* instruction.
обходить, обойти, *vn.* to go round.
обчищать, обчистить, *va.* to clean thoroughly.
обширный, *adj.* vast, spacious.
общепринятый, *adj.* generally received.
общій, *adj.* common, general, public.
обыкновеніе, *sn.* custom, usage.
обыкновенный, *adj.* common, ordinary; -но, *adv.* commonly.
обычай, *sm.* custom, usage.
обычный, *adj.* ordinary.
Обь, *sm.* the Ob, a river of Siberia.
объявленіе, *sn.* the announcement.
объявлять, объявить, *va.* to declare, signify.
объятіе, *sn.* embrace.
обѣдать, *va.* to dine.

обѣдня, *sf.* the mass.
обѣдъ, *sm.* dinner.
обязанность, *sf.* duty.
овладѣвать, -дѣть, *ra.* to take possession of.
овражка, *sf.* a field-mouse.
оглашать, огласить, *ra.* to make resound.
оглядываться, оглянуться, *rr.* to look back upon.
огонь, *sm.* fire.
огорченіе, *sn.* grief.
огромный, *adj.* vast.
одарять, одарить, *ra.* to endow, to present with.
одежда, *sf.* clothes, dress.
одинокій, *adj.* one, solitary; single, only.
однажды, *adv.* once.
однакожъ, *adv.* but, however, yet.
одолѣвать, одолѣть, *ra.* to vanquish, surmount.
одурачивать, одурачить *ra.* to make a fool of.
одѣвать, одѣть, *ra.* to clothe, dress; -ся, *rr.* to dress oneself.
ожесточать, ожесточить, *ra.* to harden; -ся, *rr.* to become hardened.
оживлять, оживить, *ra.* to resuscitate, revive.
ожидать, *ra.* to await, expect.
озарять, озарить, *ra.* to illuminate, light up.
озеро, *sn.* the lake.
означать, означить, *ra.* to mark, note, signify.
оказывать, оказать, *ra.* to shew, express.
океанъ, *sm.* the ocean.
окидывать, обкидывать, окидать, окинуть, *ra.* to quit, abandon.
окладка, *sf.* a trimming.
окно, *sn.* the window.
око, *sn.* (*pl.* очи) the eye.
около, *prep. gen.* round, round about, about.

окрестность, *sf.* the environs, neighbourhood.
окружать, окружить, *ra.* to encircle, surround.
Оля, *sf.* dim. of Olga.
онъ, *pers. pron.* (*f.* она, *n.* оно) he, she, it.
опасеніе, *sn.* fear, apprehension.
опасный, *adj.* dangerous, perilous.
опись, *sf.* a list, an inventory.
оплошалый, *adj.* impudent, negligent.
оправдывать, оправдать, *ra.* to justify; -ся, *rr.* to be justified.
опускать and опущать, опустить, *ra.* to let down, to lower; -ся, *rr.* to let oneself down.
опять, *adv.* again.
орелъ, *sm.* an eagle.
Оренбургскій, *adj.* belonging to Orenburg.
оригинальный, *adj.* original.
орошать, оросить, *ra.* to water.
Орсини, *sm.* proper name of a man, Orsini.
орѣхъ, *sm.* a nut.
освѣщать, освѣтить, *ra.* to light, illumine.
осень, *sf.* autumn.
ослабѣть and ослабнуть, *en.* to grow weak or feeble.
ослушаніе, *sn.* disobedience.
осѣдлывать, осѣдлать, *ra.* to saddle.
осмѣливаться, -литься, *rr.* to dare.
основательный, *adj.* solid, well-grounded.
особа, *sf.* a person, individual.
особенно, *adv.* especially.
особенность, *sf.* speciality; -въ особенности, in particular.
особый, *adj.* separate.
оставаться, остаться, *vr.* to remain.
оставлять, оставить, *ra.* to leave.
останавливать, остановить, *ra.* to stop; -ся, *vr.* to be stopped, to stop.

остроу́мный, *adj.* sharp-witted, clever; -но, *adv.* sharply.
о́стрый, *adj.* sharp, pointed; *dim.* о́стренькiй.
Остя́къ, *sm.* proper name, an Ostiak.
Остя́цкiй, *adj.* belonging to the Ostiaks.
осыпа́ть, оси́пать, *ra.* to strew, load, overwhelm.
осѣня́ть, осѣни́ть, *ra.* to overshadow.
о́тблескъ, *sm.* the reflexion.
отверза́ть, отве́рзти, *ra.* to open, discover.
отве́рстый, *adj.* open.
отвёртывать, отнертѣть, отвернуть, *ra.* to turn; -ся, *rr.* to turn oneself.
отвози́ть, отвезти́, *ra.* to take away, transport.
отворя́ть, отворя́ть, *ra.* to open; -ся, *rr.* to be opened.
отвѣ́тъ, *sm.* an answer.
отвѣча́ть, отвѣ́тить, *ra.* to answer, reply.
отвя́зывать, отвяза́ть, *ra.* to untie.
отдава́ть, отда́ть, *ra.* to pay, give back, leave; -ся, *rr.* to give itself back.
отдале́нiе, *sn.* remoteness, estrangement.
отдыха́ть, отдохну́ть, *rn.* to repose, take rest.
о́тдыхъ, *sm.* repose, relaxation.
отдѣля́ть, отдѣли́ть, *ra.* to separate; -ся, *rr.* to separate oneself.
оте́цъ, *sm.* father.
отка́зывать, отказа́ть, *ra.* to refuse; -ся, *vr.* to renounce.
откровѣ́нный, *adj.* open, frank; -но, *adv.* frankly.
открыва́ть, откры́ть, *ra.* to discover, reveal.
откры́тый, *part. adj.* revealed.
отку́да, *adv.* whence.

отла́мывать, отлома́ть, and отломи́ть, *ra.* to break off.
отлича́ть, отличи́ть, *ra.* to distinguish; -ся, *rr.* to be distinguished.
отличи́тельный, *adj.* distinctive.
отли́чный, *adj.* distinguished.
отнима́ть, отня́ть, *ra.* to take away.
отноше́нie, *sn.* the state of, relation to.
отправля́ть, отпра́вить, *ra.* to despatch, send.
отправля́ться, отпра́виться, *vr.* to set off, depart.
отпряга́ть, отпря́чь, *ra.* to take horses out of harness.
отпуска́ть, отпусти́ть, *ra.* to let go, dismiss.
отры́вистый and отры́вчивый, *adj.* broken, abrupt; -но, *adv.* by fits and starts.
отря́дъ, *sm.* a detachment, division.
отска́кивать, отскака́ть, *ra.* to get over by leaping; отскочи́ть and отскокну́ть, *rn.* to bound away.
отсю́да, *adv.* hence.
оттого́, *adv.* therefore; оттого что, because that.
отту́да, *adv.* thence.
отума́ниваться, отума́ниться, *rr.* to be covered with a mist.
отчего́, *adv.* why.
отъ, *prep. gen.* from, out of, for, against.
оты́скивать, отыска́ть, *ra.* to seek, find.
офице́ръ, *sm.* officer.
о- or об-хва́тывать, охвати́ть, *ra.* to envelope; -ся, *rr.* to be enveloped.
охло́покъ, *sm.* and охло́пье, *sn.* tow, that with which anything is stuffed.
оцѣ́нивать, оцѣни́ть, *ra.* to value, estimate.

очаро́вывать, очарова́ть, *va.* to enchant, bewitch.
о́чень, *adv.* very much.
очища́ть, очи́стить, *va.* to purify; -ся, *vr.* to be purified.
очути́ться, *vr.* to appear, find himself.
ошеломле́ніе, *sn.* stupefaction.
ошеломля́ть, ошеломи́ть, *va.* to stupefy, to throw into confusion.
ощуще́ніе, *sn.* feeling, sensation.

П.

па́дать, пасть, *vn.* to fall, drop; to cease, disappear; to die.
па́лецъ, *sm.* finger.
па́лочка, *sf.* a stick.
па́луба, *sf.* the deck.
па́мятникъ, *sm.* a monument, memorial.
парохо́дъ, *sm.* a steam-boat.
парчево́й, *adj.* made of brocade.
паръ, *sm.* steam.
пассажи́ръ, *sm.* a passenger.
пасту́хъ, *sm.* a shepherd.
пау́къ, *sm.* a spider.
паути́на, *sf.* a spider's web.
па́харь, *sm.* a ploughman.
начку́нъ, *sm.* a sloven.
первобы́тный, *adj.* primitive, primeval.
первозва́нный, *adj.* the first called.
первосо́ніе, *sn.* first sleep.
пе́рвый, *num. ord.* first.
перебѣга́ть, -бѣжа́ть, *vn.* to go over.
перевёртывать,-вертѣть, and -верну́ть, *va.* to turn over, turn; -ся, *vr.* to turn oneself.
перево́дъ, *sm.* translation.
перевора́чивать, -вороти́ть, *va.* to turn over.

пере́дній, *adj.* fore, anterior; пере́дняя па́луба, the fore-cabin.
пере́дъ and предъ, *prep., accu.* and *loc.*, before.
пережива́ть, пережи́ть, *va.* to survive.
перейти́, *vn.* to go across, to go over.
перелета́ть, -лѣте́ть, *va.* to fly over, fly across.
перемѣня́ть, перемѣни́ть, *va.* to change; -ся, *vr.* to be changed.
переноси́ть, перенести́, *va.* to bear.
переодѣва́ться, -одѣ́ться, *vr.* to put on other clothes.
переплётъ, *sm.* binding.
перепу́тье, *sn.* half-way, in the middle of the journey.
переходи́ть, *vn.* to pass over.
перламу́тровый, *adj.* made of mother-of-pearl.
перо́, *sn.* a feather, pen.
перстъ, *sm.* a finger.
перча́тка, *sf.* a glove.
песо́къ, *sm.* sand.
пёстрый, *adj.* motley.
пестрѣ́ть, *vn.* to appear variegated.
Петербу́ргскій, *adj.* belonging to St. Petersburg.
Петербу́ргъ, *sm.* St. Petersburg.
Петро́вичъ, *sm.* patronymic, son of Peter.
Петру́ша, *sm.* dimin. of Пётръ.
печа́льный, *adj.* mournful.
печа́ль, *sf.* affliction, grief, sorrow.
печа́ть, *sf.* seal, imprint.
пирами́дальный, *adj.* pyramidal.
пирова́ть and пи́ршествовать, *vn.* to feast.
пиро́гъ, *sm.* dim. пирожо́къ, a pie.
писа́ть, *va.* to write, paint.
письмо́, *sn.* a letter.
пить, *va.* to drink.
питьё and питіе, *sn.* drinking, drink.

пища, *sf.* nourishment.
пламенный, *adj.* fiery, ardent.
платить, *va.* to pay.
платокъ, *sm.* a handkerchief.
платье, *sn.* clothes.
плачъ, *sm.* weeping.
плащъ, *sm.* a cloak.
племя, *sn.* tribe, race.
племянникъ, *sm.* -ица *f.* nephew, niece.
плескать, плеснуть, *va.* to dash.
плетень, *sm.* a hedge.
плечо, *sn.* the shoulder. *pl* плечи
плодъ, *sm.* fruit.
плугъ, *sm.* a plough.
плутъ, *sm.* a rogue, knave, cheat.
плыть (плыну) and плавать, *vn.* to float, swim.
плѣсень, *sf.* mould, mouldiness.
по, *prep., dat. accu.* and *loc.,* on, by, at; up to, as far.
побирать, побрать, *va.* to take.
побранивать, побранить, *va.* to scold a little.
побудить, *va.* to awaken.
побѣгивать, побѣжать, *vn.* to run a little.
побѣда, *sf.* victory.
поведеніе, *sn.* conduct.
поверхность, *sf.* the surface.
повивальный, *adj.* obstetric.
поводить, повести, *va.* to move about a little, to spend.
поводъ, *sm.* occasion, motive, inducement.
поворачивать, поворотить, *va.* to turn.
повторять, повторить, *va.* to repeat.
повязка, *sf.* a head-band.
повязывать, повязать, *va.* to tie, bind round.
погибать, погибнуть, *vn.* to perish.
поглядывать, поглядѣть, *va.* to look at often.
погода, *sf.* the weather.
погребать, погребсти, *va.* to bury.

погребъ, *sm.* a cellar, vault.
погуливать, погулять, *vn.* to walk a little, roam.
подавать, подать, *va.* to give, present, offer.
подарить, *va.* to present with.
подбородокъ, *sm.* the chin.
подвергать, -вергнуть, *va.* to subject, expose; -ся, *vr.* to expose oneself, be exposed.
подводный, *adj.* under the water.
поддѣвать, поддѣть, *va.* to take in, trick.
поддѣлывать, поддѣлать, *va.* to make or put underneath; -ся, *vr.* to counterfeit.
подкатывать, *va.* to roll underneath.
подкладка, *sf.* a thing put under.
подкрѣпленіе, *sn.* fortification, recruiting one's strength.
подлецъ, *sm.* an abject creature.
подлинный, *adj.* real, authentic; -но, *adv.* really.
поднимать, поднять, *va.* to lift up, pick up.
подобный, *adj.* like.
подозрительный, *adj.* suspicious; -но, *adv.* suspiciously.
подорожный, *adj.* on the road.
подошва, *sf.* sole (of a shoe).
подрядчикъ, *sm.* contractor.
подувать, подуть, *vn.* to blow a little.
подходить, подойти, *vn.* to come near, approach, resemble.
подчивать, *va.* to treat, regale.
подчинять, подчинить, *va.* to subordinate.
подъ and подо, *prep., acc.* and *inst.,* under, near.
подъѣзжать, подъѣхать, *vn.* to approach.
подымать, *va.* to raise; подыматься, подняться, to raise oneself up, to rise.

Пожа́рскій, *sm.* name of a man, Pozharski.
пожа́ръ, *sm.* a fire.
пожёлкнуть and пожелтѣ́ть, *va.* to turn yellow.
пожира́ть, пожра́ть, *va.* to devour.
позабыва́ть and забыва́ть, *va.* to forget.
позволя́ть, позво́лить, *va.* to permit, allow.
по́здній, *adj.* late.
позеленѣ́ть, *vn.* to turn green.
позыва́ть, позва́ть, *va.* to call.
пойти́, *vn.* to go, to begin.
пока́, *conj.* whilst, so long as.
пока́зывать, показа́ть, *va.* to shew, point to.
покида́ть, поки́нуть, *va.* to forsake, abandon.
покла́жа, *sf.* cargo, load.
покли́кивать, покли́кать, *va.* to call to.
покло́нникъ, *sm.* a worshipper.
покло́нъ, *sm.* a bow.
поко́й, *sm.* chamber; rest.
поколѣ́ніе, *sn.* line, generation, race.
покоря́ть, покори́ть, *va.* to subjugate.
покрови́тель, -ница, *sm.* and *f.* protector, protectress.
покрови́тельствовать, *va.* to protect.
покрыва́ть, покры́ть, *va.* to cover.
поку́шать, *va.* to eat and drink a little.
полага́ть, положи́ть, *va.* to lay, put, propose.
по́лдень, *sm.* mid-day, noon, the south.
по́ле, *sn.* a field.
полково́й, *adj.* belonging to a regiment.
полкъ, *sm.* a regiment.
полмизи́нецъ, *sm.* half the little finger, hence наполмизи́нница, *adv.* not the least.

по́лночь, *sf.* midnight.
по́лный, *adj.* full.
по́логъ, *sm.* the bed-curtain.
положе́ніе, *sn.* position.
полоса́, *sf.* dim. поло́ска, a streak, strip.
полуразвали́вшійся, *past part. pass.* half-ruined (полуразваслѣ́ть).
полусо́нъ, *sm.* a half-sleep.
полутёмный, *adj.* half-dark.
получа́ть, получи́ть, *va.* to receive.
полъ, *sm.* the floor.
полы́нь, *sm.* wormwood.
полюбопы́тствовать, *vn.* to have the curiosity.
полю́шко, *sn.* part of a field.
поля́рный, *adj.* polar.
по́мнить, *va.* to remember, recollect.
помога́ть, помо́чь, *vn.* to assist.
помути́ть, *va.* to trouble, embroil; -ся, *vr.* to be troubled, grow dim.
помѣща́ть, помѣсти́ть, *va.* to place.
помѣ́щикъ, *sm.* a landed proprietor.
понима́ть, поня́ть, *va.* to understand.
поноси́ть, понести́, *va.* to bear, support, wear.
попада́ть, попа́сть, *vn.* to stumble, light upon.
по́прище, *sn.* a career.
попу́тать, *va.* to embroil, confuse.
попы́хъ, *sm.* precipitation, hurry.
пора́, *sf.* time.
поража́ть, порази́ть, *va.* to strike, astonish, astound.
поро́гъ, *sm.* the threshold of a door.
поро́да, *sf.* extraction, breed.
порожда́ть, породи́ть, *va.* to beget.
порожде́ніе, *sn.* race.
поро́къ, *sm.* a defect, vice.
портре́тъ, *sm.* a portrait.
поруча́ть, поручи́ть, *va.* to confide, entrust, commit.

посаждать, посадить, *va.* to make to sit, to place.
посажённый, *adj.* (оте́цъ) nuptial godfather.
послу́шливый, *adj.* obedient.
послу́шный, *adj.* obedient; -но, *adv.* obediently.
по́слѣ, *prep. gen.* after.
послѣ́дній, *adj.* last, final.
послѣ́дствіе, *sn.* the sequel, result.
посма́тривать, -смотрѣ́ть, *va.* to look at.
посмѣ́шище, *sn.* a laughing-stock, jest.
посреди́, *prep. gen.* in the midst.
поставля́ть, поста́вить, *va.* to put, set up, erect.
посте́ль and посте́ля, *sf.* a bed.
постепе́нный, *adj.* gradual; -но, *adv.* gradually.
постига́ть, пости́гнуть, and пости́чь, *va.* to reach, overtake, seize.
посторо́нный, *adj.* stranger, foreigner.
постро́ить, *va.* to build.
посту́кивать, -туча́ть, *vn.* to knock a little.
поступа́ть, поступи́ть, *vn.* to come.
постъ, *sm.* a fast.
посыла́ть, посла́ть, *va.* to send.
посѣща́ть, посѣти́ть, *va.* to visit, go to see.
потека́ть, поте́чь, *vn.* to flow, to proceed quickly.
Потёмкинъ, *sm.* Potemkin (properly Putyomkin).
потемня́ть, потемни́ть, *va.* to darken, make obscure; -ся, *rr.* to grow dark.
пото́къ, *sm.* a stream.
потоло́къ, *sm.* the ceiling.
пото́мство, *sn.* posterity.
потому́, *adv.* because.
пото́мъ, *adv.* after that.
потопа́ть, потону́ть, *vn.* to sink down.

потопля́ть, потопи́ть, *va.* to submerge.
потруди́ть, *va.* to trouble; -ся, *rr.* to take trouble.
потряса́ть, потрясти́, *va.* to shake a little.
потуха́ть, поту́хнуть, *vn.* to be extinguished.
потъ, *sm.* perspiration.
поу́живать, *vn.* to sup.
поу́чительный, *adj.* instructive.
походи́ть, *vn.* to resemble, be like.
похо́дка, *sf.* gait, walk.
похо́дъ, *sm.* a campaign, expedition.
похо́жій, *adj.* like.
похорони́ть, похоропи́ть, *va.* to bury.
поцѣлова́ть, *va.* to kiss.
поцѣлу́й, *sm.* a kiss.
по́чва, *sf.* the ground.
почему́, *adv.* why.
почернѣ́лый, *adj.* grown black, blackened.
почернѣ́ться and черни́ть, *vn.* to become or appear black.
по́честь, *va.* (поче́сть) to regard, pay attention to.
почётъ, *sm.* respect.
по́чта, *sf.* the post.
почта́мтскій, *adj.* belonging to the post-office.
почти́, *adv.* almost.
почти́тельный, *adj.* respectful; -но, *adv.* respectfully.
почтме́йстеръ, *sm.* a postmaster.
почто́вый, *adj.* belonging to the post.
поша́тывать, -шата́ть, -шатну́ть, *va.* to shake; -ся, *rr.* to be shaken.
попи́лъ, past tense of пойти́, sometimes used as an imperative, be off, begone.
поѣ́хать, *vn.* to go, depart.
поэ́тъ, *sm.* poet.
пра́вда, *sf.* truth.

правда, *adv.* in truth, truly.
правило, *sn.* rule, maxim, principle.
правосудіе, *sn.* justice.
правый, *adj.* right.
пребываніе, *sn.* the residence, stay.
превосходный, *adj.* superior; -но, *adv.* in a superior way.
превращать, прекратить, *va.* to change, transform.
преданіе, *sn.* tradition.
предостерегать, -речь, *va.* to warn, caution.
предосторожность, *sf.* wariness, precaution.
предписаніе, *sn.* the order.
предполагать, -ложить, *va.* to suppose, presuppose.
представлять, -ставить, *va.* to present, represent; -ся, *rr.* to present oneself, appear.
предъ and передъ, *prep., accu.* and *loc,* before.
предѣлъ, *sm.* a bound, limit, country.
прежде, *adv.* before, previously.
прежній, *adj.* foregoing, anterior.
презирать, презрѣть, *va.* to despise.
прекрасный, *adj.* beautiful.
прелестный, *adj.* charming; -но, *adv.* charmingly.
прелесть, *sf.* charm, attraction.
прерывать, прервать, *va.* to break off, interrupt.
преслѣдовать, *va.* to pursue.
преспокойно, *adv.* very quietly.
прессъ, *sm.* a press.
престарѣлый, *adj.* very old.
преступленіе, *sn.* transgression.
при, *prep. loc.* near, at, on, in the presence of, in time of, under.
прибавлять, прибавить, *va.* to add, increase.
прибаутка, *sf.* quaint saying.

прибиваться, прибиться, *rr.* to be grafted.
прибѣгать, прибѣжать, *vn.* to run, come running.
приверженецъ, *sm.* an adherent.
привлекать, привлечь, *va.* to draw, attract, allure.
приводить, привести, and -вести. (-вѣть), *va.* to bring.
привозить, -везти, and -везть (вѣзъ), *va.* to bring, convey.
привычка, *sf.* habit, custom.
привѣтливый, *adj.* affable, courteous; -во, *adv.* courteously.
приглашать, пригласить, *va.* to invite, request.
приговорка, *sf.* a saying.
пригонять, пригнать, *va.* to drive.
придавать, -давить, *va.* to add.
придворный, *adj.* belonging to the court.
призывать, призвать, *va.* to call, call in.
приказаніе, *sn.* an order.
приказъ, *sm.* a court-office.
приказывать, приказать, *va.* to order.
прикрывать, прикрыть, *va.* to cover.
прилагать, -ложить, *va.* to lay upon, to add.
прилаживать, -ладить, *va.* to fit, adjust.
примчать, *va.* to hurry away, to carry.
примѣсь, *sf.* a mixture.
принадлежать, *vn.* to belong to.
принаряжать, -нарядить, *va.* to adorn, dress.
принимать, принять, *va.* to take, receive.
приносить, принести, and приность, *va.* to bring.
приписывать, приписать, *va.* to ascribe.
приподнимать, -поднять, *va.* to lift up; -ся, *rr.* to rise up, to raise oneself.

припрыгивать, -прыгать, *vn.* to jump, skip.
природа, *sf.* nature.
природный, *adj.* natural.
прискорбный, *adj.* sad, melancholy.
прислонявать and прислонить, -слонить, *va.* to set up against, to lean.
приставать, пристать, *vn.* to join.
пристальный, *adj.* attentive, assiduous; -но, *adv.* assiduously; поглядѣть пристально, to stare at.
притворяться, *vr.* to pretend.
приходить, прийти, and придти, *vn.* to come, arrive; -ся, *vr.* to happen.
причёмъ, *adv.* besides.
причуды, *sf. pl.* caprices.
пріёмъ, *sm.* reception, greeting.
пріѣзжать, пріѣхать, *vn.* to arrive.
пріютъ, *sm.* asylum, refuge.
пріятный, *adj.* agreeable, pleasing.
про, *prep. accu.* of, concerning; про себя, to oneself.
проблескъ, *sm.* a gleam.
пробыть, *vn.* to stay, remain.
провидѣть, *va.* to foresee.
провинція, *sf.* a promise.
провинціальный, *adj.* provincial.
проводить, *va.* to conduct, spend; to cheat, play the fool with.
проволока, *sf.* wire.
прогнѣвляться, -гнѣваться, and гнѣвиться, *vr.* to become angry with.
прогуливаться, -гуляться, *vr.* to take a walk.
прогулка, *sf.* a walk.
продолжать, продолжить, *va.* to continue.
продолжительный, *adj.* of long duration.
продѣлка, *sf.* a trick.
прозрачный, *adj.* transparent.

прозябаніе, or -ie, *sn.* vegetation, germination.
пройдоха, *sm.* a cunning fellow.
происходить, произойти, *vn.* to come, proceed, have its origin.
проказы, *sf.* pranks, waggery.
проклинать, -клясть, *va.* to curse, condemn.
проклятый, *adj.* cursed, execrable.
промолвить, *vn.* to put in a word, to speak.
промывать, -мыть, *va.* to wash.
проникать and проницать, -никнуть, *va.* to penetrate.
проницательный, *adj.* penetrating.
пропадать, -пасть, *vn.* to be lost.
пропускать, -пустить, *va.* to let pass, make room for.
просвѣчивать, *vn.* to shine through.
просить, *va.* to ask, demand, beg.
проснуться, *vr.* to awake, wake.
простирать, простерть, *va.* to extend, stretch out.
простой, *adj.* simple; -то, *adv.* simply.
простолюдинъ, *sm.* a man of the people, plebeian.
просторный, *adj.* roomy, spacious.
просторъ, *sm.* vastness, space.
пространство, *sn.* space.
просыпаться, *vr.* expand oneself.
просьба, *sf.* a request.
протаптывать, -топтать, to make a foot-path.
противоположность, *sf.* opposition.
противъ and противу, *prep. gen.* opposite to, against.
протокъ, *sm.* a stream, running water.
протухать, -тухнуть, *vn.* to become spoiled.
проходить, пройти, *vn.* to pass through or by.
прохожій, *sm.* the passenger.

прочи́тывать, прочита́ть, and проче́сть, *ra.* to read from beginning to end.
про́чій, *adj.* the rest.
про́чный, *adj.* durable, solid.
прочь, *adv.* afar.
проща́ть, прости́ть, *ra.* to pardon; проща́й, adieu.
прое́зжій, *adj.* going on the way, being a passenger.
пряди, *sf.* a thread.
прямо́й, *adj.* straight, right; -мо, *adv.* straightly, direct.
пря́ха, *sf.* the spinner.
Псковъ, *sm.* Pskov, name of a town in N. Russia.
пти́ца, *sf.* a bird.
пти́чій, *adj.* belonging to birds.
пуска́ть, пуща́ть, пусти́ть, *ra.* to let go.
пусто́й, *adj.* empty.
пусты́нный, *adj.* lonely, belonging to the desert.
пусты́ня, *sf.* a waste, a desert.
пусть and пуска́й, *conj.* let, e.g. пусть онъ иде́тъ, let him come.
пу́тникъ, *sm.* traveller.
путеше́ственникъ, *sm.* a traveller.
путь, *sm.* the road, way.
пухъ, *sm.* down.
пшени́ца, *sf.* wheat.
пыла́ть, *rn.* to burn, blaze.
пыль, *sf.* dust.
пы́шный, *adj.* pompous, sumptuous.
пе́вень, *sm.* the cock.
пе́на, *sf.* foam.
пе́сня, *sf.* a song.
пету́хъ, *sm.* a cock.
пе́ть, *vn.* to sing; -ся, *rr.* to be sung.
пехо́тный, *adj.* belonging to the infantry.
пяти́ться, *vr.* to draw back.
пять, *num. card.* five.

Р.

рабо́та, *sf.* workmanship, labour.
рабо́тать, *ra.* to work, labour.
рабъ, *sm.* slave.
ра́вный, *adj.* equal, similar, like; -но́, *adv.* equally.
ра́ди, *prep. gen.* for the sake of, on that account.
ра́достный, *adj.* joyful.
раду́шіе, *sn.* benignity, cordiality.
ражда́ть, роди́ть, *ra.* to beget, to give birth to; -ся, *rr.* to be born.
разбира́ть, разобра́ть, *ra.* to take to pieces, to examine, make out.
разбо́рчивый, *adj.* delicate, nice.
разбѣга́ться, разбѣжа́ться, *vr.* to run about, spread itself.
ра́звѣ, *adv.* is it then? *conj.* if, when.
развѣ́систый, *adj.* with branches spread out.
разгля́дывать, -гляде́ть, *ra.* to view, examine.
разговори́ться, *vr.* to converse familiarly with any one.
раздава́ть, разда́ть, *ra.* to distribute, scatter; -ся, *rr.* to be scattered.
разлу́ка, *sf.* separation.
размыва́ть, размы́ть, *ra.* to wash off.
размы́кать, *ra.* to banish (sorrow), lit. to tread under foot.
разноси́ть, -нести́, *ra.* to bear about, to scatter; -ся, *rr.* to be dispersed.
ра́зный, *adj.* different.
разоря́ть, разори́ть, *ra.* to destroy, ruin.
разрѣ́зывать, разрѣ́зать, *ra.* to cut up, cut.
разска́зъ, *sm.* a tale.
разска́зывать, разсказа́ть, *ra.* to relate.
разсма́тривать, разсмотрѣ́ть, *ra.* to consider, examine.

разста́вливать, разставля́ть, -ста́вить, *ra.* to spread out.
разстила́ть, разостла́ть, *ra.* to spread.
разступа́ться, -ступи́ться, *vr.* to give way, retire.
разсыла́ть, разосла́ть, *ra.* to send in different directions.
разсѣка́ть, разсѣ́чь, *ra.* to cut asunder.
разу́мникъ, *sm.* a sensible person.
разу́мный, *adj.* prudent, wise.
ра́зумъ, *sm.* reason, sense.
разумѣ́ть, *ra.* to understand; разумѣ́ется, used impersonally —it is understood.
раз- or расхло́пываться, разхло́паться, *vr.* to keep breaking into exclamations.
разъ, *adv.* once.
разы́грывать, разыгра́ть, *va.* to play.
ракъ, *sm.* a crab.
ра́ма, *sf.* a frame.
ра́на, *sf.* a wound.
ра́но, *adv.* early, soon.
ра́нній, *adj.* belonging to the morning, early.
раска́ливать, раскали́ть, *ra.* to make red hot.
раска́лывать, расколо́ть, *ra.* to cleave.
раски́дывать, -ки́дать, *va.* to stretch; -ся, *vr.* to stretch oneself.
раскла́дывать, раскла́сть, *ra.* to kindle.
распеча́тывать, -ча́тать, *va.* to unseal.
распла́стывать, -пла́стать, *va.* to separate, spread out separately.
растапливать, -топля́ть, -топи́ть, *va.* to melt; -ся, *vr.* to be melted.
растѣ́ніе, *sn.* a plant, vegetable.
расти́, *vn.* to grow, increase.

растрё́пывать, -трепа́ть, *va.* to untwist, dishevel.
рас- or разчища́ть, разчи́стить, *ra.* to clear, clear away.
рва́ться, *vr.* to strive, be eager.
ребёнокъ, *sm.* a child, infant.
Ревизо́ръ, *sm.* Revisor, a special officer sent by the Government to examine into provincial administration.
резолю́ція, *sf.* a resolution.
реприма́нтъ, *sm.* a reprimand (word borrowed from the French).
респу́блика, *sf.* the republic.
ри́за, *sf.* vestment worn by a priest.
робропъ, *sm.* an article of female dress.
робѣ́ть, *vn.* to be timid.
рофъ, *sm.* a pit, ditch.
роди́тельскій, *adj.* paternal, belonging to parents.
родно́й, *adj.* native,
родство́, *sn.* kindred.
родъ, *sm.* the race, kind; *pl.* роды, birth.
ро́за, *sf.* a rose.
ро́зовый, *adj.* belonging to a rose, rosy.
рой, *sm.* the swarm.
роль, *sf.* part, character.
ро́потъ, *sm.* a murmur.
роса́, *sf.* dew.
роско́шный, *adj.* luxurious; -но, *adv.* luxuriously.
Россі́я, *sf.* Russia.
ростъ, *sm.* stature, size.
ротъ, *sm.* mouth; *gen. s.* рта.
руба́шка, *sf.* a shirt.
рубль, *sm.* a rouble.
рука́, *sf.* arm, hand.
рука́въ, *sm.* a sleeve.
Румя́нцовъ, *sm.* Rumiantzov, name of a Russian general.
румя́ный, *adj.* rosy, rose-coloured.
Русь, *sf.* the old name of Russia.

ручей, *sm.* brook, stream.
ручка, *sf.* a little hand, dim. of рука.
рыдать, *vn.* to sob.
рыло, *sn.* snout.
рыскать, *vn.* to run.
рѣдко, *adv. comp.* рѣже, rarely.
рѣдкость, *sf.* rarity, curiosity.
рѣка, *sf.* a river.
рѣчь, *sf.* speech.
рѣшать, рѣшить, *va.* to decide, determine; -ся, *vr.* to be decided, to resolve.
рюмка, *sf.* a wine-glass.
рядъ, *sm.* row, range, file.

С.

саванъ, *sm.* a shroud.
Савельичъ, *sm.* Saveliich (properly patronymic from Савелъ, Saul).
садиться, сѣсть, *vn.* to sit.
садъ, *sm.* a garden.
сало, *sn.* grease, tallow.
самоваръ, *sm.* the tea-urn.
самозванецъ, *sm.* an impostor.
самолюбie, *sn.* self-love.
самъ, *pron.* self, oneself.
самый, *adj.* same, self-same, self.
Санктпетербургъ, *sm.* St. Petersburg.
сапогъ, *sm.* a boot.
Саратовскiй, *adj.* belonging to Saratov.
сарказмъ, *sm.* sarcasm.
сближаться, *vr.* to draw near.
сбросить, *va.* to throw away.
свекоръ, *sm.* father-in-law.
сверкать, сверкнуть, *vn.* to sparkle, glisten.
свершать; *see* совершать.
свивать, свить, *va.* to wind together, roll up.
свинцовый or свинцёвый, *adj.* leaden.
свиной, *adj.* belonging to a pig.

свиный, *sf.* a pig, hog.
свирѣпствовать, *vn.* to be furious, to rage.
свистъ, *sm.* a whistle.
свитка, *sf.* a wrapper, cloak.
свобода, *sf.* liberty.
сводъ, *sm.* the vault, the centre.
своеобразность, *sf.* peculiarity.
свозить, свезти, *va.* to bring, conduct.
свой, *pron. poss.* with reflexive sing. used with all persons.
свойственный, *adj.* proper, natural.
свойство, *sn.* peculiarity, nature, essence.
свѣтъ, *sm.* the light, the world.
свѣтлорусый, *adj.* light, flaxen-coloured.
связка, *sf.* a bundle.
святый, *adj.* holy.
священникъ, *sm.* a priest.
священническiй, *adj.* sacerdotal.
священный, *adj.* holy, sacred.
сгущать, сгустить, *va.* to make thick.
сдвигать, сдвинуть, *va.* to bring together, contract.
сдерживать, сдержать, *va.* to keep, support.
сдѣлать, *va.*; *see* дѣлать.
сегодняшнiй, *adj.* belonging to to-day.
седьмой, *adj.* seventh.
сей, *pron. dem.* this; сейчасъ, *adv.* immediately.
селенie, *sn.* village, settlement.
серафимъ, *sm.* a seraph.
сердечный, *adj.* belonging to the heart.
сердитый, *adj.* angry, choleric.
сердце, *sn.* the heart, anger.
серебро, *sn.* silver.
серебряный, *adj.* made of silver.
серьёзный, *adj.* serious.
Сибирь, *sf.* Siberia.
сивый, *adj.* grey.

сидѣть, сѣсть, сиживать, *vn.* to sit.
сила, *sf.* force, strength.
сильный, *adj.* strong, vigorous; *comp.* сильѣе, -но, *adv.* vigorously.
синій, *adj.* dark-blue.
сирота, *sc.* an orphan.
система, *sf.* system.
систематическій, *adj.* systematic.
сіяніе, *sn.* shining, splendour; aurora borealis.
сіять, *vn.* to shine, beam.
сказывать, сказать, *va.* to tell, relate, say.
скакать, скокнуть, *vn.* to leap, bound.
скала, *sf.* a rock.
скалить, *va.* to shew one's teeth (зубы).
скамья, *sf.* dim. скамейка, a bench, stool.
скачёкъ, *sm.* the leap.
скверный, filthy, disgraceful.
сквозить, *vn.* to appear through.
сквозь, *prep. accu.* through.
склонъ, *sm.* the decline, declivity.
склонить, склонить, *va.* to incline; -ся, *vr.* to be inclined.
скользить, скользнуть, *vn.* to glide, slip.
сколько and сколь, *adv.* how, how much.
скончавать, скончать, *va.* to finish; -ся, *vr.* to die.
скоплять, скопить, *va.* to heap up; -ся, *vr.* to be heaped up.
скорбный, *adj.* sorrowful, sad.
скорбь, *sf.* affliction, sorrow.
скорый, *adj.* quick; -о, *adv.* quickly; *comp.* скорѣе, rather.
скребница, *sm.* a curry-comb.
скрывать, скрыть, *va.* to conceal; -ся, *vr.* to be concealed.
скромный, *adj.* modest.
скучный, *adj.* wearisome; -но, *adv.* wearisomely.

слабый, *adj.* weak, faint; -о, *adv.* weakly, faintly.
слава, *sf.* glory.
слагать, сложить, *va.* to lay down.
сладкій, *adj.* sweet.
сламывать, сломать, and сломить, *va.* to break.
слеза, *sf.* a tear.
слетать, слетѣть, *vn.* to fly off.
слива, *sf.* a plum-tree.
сливаться, *vr.* to flow together.
словесный, *adj.* belong to words, eloquent.
словно, *conj.* as if.
слово, *sn.* a word.
служба, *sf.* service.
служебный, *adj.* belonging to service.
служилый, *adj.* one who has been in the service and retired.
слушать, *va.* to hear, to listen to; -ся, *vr.* to be heard (also слышать, -шаться).
слухъ, *sm.* hearing.
случай, *sm.* circumstance.
случаться and случиться, *vr.* to chance, happen.
слыть, *vn.* to be called, reputed.
слышный, *adj.* heard.
слѣдовать, *vn.* to follow.
слѣзать, слѣзть, *vn.* to jump down, to come down from.
слѣпой, *adj.* blind.
смертный, *adj.* mortal.
сморчёкъ, *sm.* mushroom, fool.
смотрѣть, *va.* to look.
смотритель, *sm.* surveyor, inspector.
смутный, *adj.* perplexed, confused.
смущать, смутить, *va.* to agitate; -ся, *vr.* to be disturbed.
смѣлость, *sf.* boldness.
смѣлый, *adj.* bold.
смѣнять, *va.* to change; -ся, *vr.* to be changed.
смѣть, *vn.* to dare.

смѣхъ, *sm.* laughter.
смѣшнóй, *adj.* ridiculous, laughable.
смѣяться, *rr.* to laugh at, despise.
сначáла, *adv.* at first.
снимáть, снять, *ra.* to take.
снисходить, снизойти, *vn.* to descend.
сниться, *rr.* to dream.
снóва, *adv.* again.
сновидѣніе, *sn.* a dream.
снѣгъ, *sm.* snow.
снѣжный, *adj.* snowy.
собáка, *sf.* (dim. собáчка) a dog.
соблюдáть, -блюсти, *vn.* to observe, keep.
собóрный, *adj.* belonging to the cathedral.
собóръ, *sm.* the cathedral.
сóбственный, *adj.* one's own.
совáть, сýнуть, *va.* to push, thrust.
совершáть, совершить, *ra.* to perfect, complete.
совершéнный, *adj.* perfect, complete; -но, *adv.* completely.
совсѣмъ, *adv.* altogether, quite, wholly.
совѣтовать, *ra.* to counsel, advise.
совѣтъ, *sm.* counsel.
соглáсію or -іе, *sn.* agreement.
соглашáть, согласить, *va.* to make agree; -ся, *rr.* to agree, consent.
согражданинъ, *sm.* a fellow-citizen.
содрогáніе or -іе, *sn.* shuddering.
сожалѣть, *vn.* to regret, be sorry, to have compassion.
сожигáть, сожéчь, *ra.* to burn.
создавáть, создáть, *ra.* to create, to build.
созывáть, созвáть, *ra.* to call together, invite.
сойти and сходить, *vn.* to go down, come down, descend.
сокращáть, сократить, *ra.* to abridge, shorten; -ся, *vr.* to be shortened.
солдáтскій, *adj.* belonging to a soldier.
солдáтъ, *sm.* a soldier.
сóлнце, *sn.* the sun.
сóнный, *adj.* sleepy.
сонъ, *sm.* sleep, dream.
соплемéнный, *adj.* of the same race.
сопровождáть, сопроводить, *ra.* to accompany.
сорóка, *sf.* a magpie.
сóрокъ, *num.* forty.
Сóсва, *sf.* the Sosva, a river in Siberia.
сосна, *sf.* the fir-tree.
составлять, составить, *ra.* to put together, to compose.
состояніе, *sn.* state, condition.
состоять, *vn.* to consist.
сострадáтельный, *adj.* compassionate.
состряпывать, -ряпать, *ra.* to prepare, put together.
сосýдъ, *sm.* a vessel.
сосýлька, *sf.* an icicle, a sugar-plum from its form.
сохá, *sf.* the plough.
сохранять, сохранить, *ra.* to guard, keep; -ся, *vr.* to be kept, preserved.
сочинять, сочинить, *ra.* to compose, write.
сочýвствіе, *sn.* sympathy.
спáльня, *sf.* chamber, bed-room.
спасáть, спасти, *ra.* to save.
спасéніе, *sn.* act of saving.
Спасскóй, *adj.* Spasski (belonging to the Saviour).
спать, *vn.* to sleep.
спинá, *sf.* the back, spine.
сплéтня, *sf. pl.* tittle-tattle.
сплéтникъ, *sm.* an intriguer.
сплошнóй, *adj.* continuous, close.
спокóйный, *adj.* tranquil, calm; -но, *adv.* quietly.

спокойствіе, sn. quiet, repose.
спорить, va. to dispute, quarrel.
споръ, sm. the dispute, quarrel.
спотыкаться, -кнуться, and споткнуться, vr. to stumble.
спрашивать, спросить, va. to question, ask.
спрятать, va. to conceal.
спускаться, vr. to go down, descend.
спутывать, спутать, va. to fasten.
спѣсь or спесь, sf. pride.
спѣть, perfective form of пѣть, to sing.
спѣшить, vn. to hasten.
сраженіе, sn. a battle.
среди and средъ, prep. gen. amidst, amid, among.
средина, sf. the middle.
средство, sn. means, expedient.
сряду, adv. one after the other.
ссылка, sf. exile, banishment.
ставень, sm. the window-shutters.
ставить, va. to plane.
стадо, sn. a flock.
сталкивать, столкать, and столкнуть, va. to jostle off, push down, jostle each other.
сталь, sf. steel.
стальной, adj. made of steel.
станица, sf. a canton of Cossacks.
становить, va. to set, place; -ся, vr. to set oneself, become.
стараніе, sn. an effort.
стараться, vr. to endeavour.
старецъ, sm. an old man.
старикъ, sm. (dim. старичёкъ), an old man.
старинный, adj. ancient, old-fashioned.
старосвѣтскій, adj. belonging to the old world, old-fashioned.
старость, sf. old age.
старуха, sf. an old woman.
старый, adj. old.
статейка, sf. an article.

стать, sf. form, shape, propriety.
стать, vn. to place oneself, become, begin, stop; -ся, vr. to happen.
стебель, sm. a stalk.
стекать, стечь, vn. to flow off, flow down, flow together.
стекло, sn. glass.
степень, sf. degree.
степной, adj. belonging to the steppe.
степь, sf. the steppe.
стиль, sm. style.
стирать, стереть, va. to grind, rub.
стихать, стихнуть, vn. to grow calm.
стихъ, sm. a verse.
стоить, vn. to cost, be worth.
столбъ and столпъ, sm. (dim. столбикъ) a post, pillar.
столица, sf. a capital, chief town.
столовая, sf. the dining-room.
столъ, sm. a table.
столь, adv. so.
сторожъ, sm. a watchman, guard.
сторона, sf. side, country, region; въ сторону, aside (stage direction).
стоять, vn. to stand, stand still.
страдная пора (dim. порушка), the time of harvest, lit. of labour.
страна, sf. country, region.
странникъ, sm. a stranger.
странность, sf. strangeness, eccentricity.
странный, adj. strange.
страстный, adj. passionate; -но, adv. passionately.
страсть, sf. passion.
страхъ, sm. fear, dread.
страшиться, vr. to be afraid of.
страшный, adj. terrible, awful.
строгій, adj. severe, austere.
строеніе, sn. the act of building.
строй, sm. line, order of battle.

стро́йный, *adj.* well-shaped, well-proportioned; -но, *adv.* in a shapely way.
струи́ть, *va.* to pour; -ся, *vr.* to stream.
струя́, *sf.* (dim. стру́йка) a stream.
стрѣла́, *sf.* an arrow.
стрѣло́къ, *sm.* a shooter, archer.
сту́кать, стуча́ть, сту́кнуть, *vn.* to knock.
стулъ, *sm.* a chair, a seat.
ступе́нь, *sm.* a step.
стыди́ться, *vr.* to be ashamed of.
стѣна́, *sf.* a wall.
Суво́ровъ, *sm.* Suvorov, the celebrated Russian general.
су́дарь, *sm.* sir.
суди́ть, *va.* to judge.
судъ, *sm.* the court of justice.
судьба́, *sf.* fate.
судья́, *sm.* a judge.
сужде́ніе, *sn.* judgment.
султа́нъ, *sm.* a plume.
сумасше́дшій, *adj.* a mad man.
сургу́чикъ, *sm.* a stick of sealing-wax.
сургу́чъ, *sm.* sealing-wax.
суро́вый, *adj.* rough, austere.
су́тки, *sf. pl.* a day (twenty-four hours).
сухо́й, *adj.* dried, withered.
суши́ть, *va.* to dry.
суще́ственность, *sf.* actuality, reality.
существо́, *sn.* being.
существова́ть, *vn.* to be, exist.
сфе́ра, *sf.* a sphere.
схва́тывать, схвати́ть, *va.* to seize, grasp.
счита́ть, счесть, *va.* to count, calculate.
съ and со, *prep. gen.* from out, out of; *acc.* about, for, like; *instr.* with.
съ, an expletive sometimes added at the end of words for politeness.

съѣ́здить, *vn.* to go, take a drive.
сынъ (dim. сыно́чекъ), *sm.* a son.
сыро́й, *adj.* damp, moist; uncooked, raw.
сѣверъ, *sm.* the north.
сѣдовла́сый, *adj.* having grey hair.
сѣдо́й, *adj.* grey, grey-haired.
сѣмя, *sn.* seed, grain.
сѣни, *sf. pl.* an entrance, vestibule.
сѣять, *va.* to sow.

Т.

тайга́, *sf.* Siberian forest.
та́йна, *sf.* secret.
та́инственный, *adj.* mysterious.
та́йный, *adj.* secret; -но, *adv.* secretly.
таи́ть, *va.* to conceal.
таково́й, *adj.* such.
тако́й, *adj.* such, such a one, the same; что тако́е, what is that?
такъ, *adv.* so.
талисма́нъ, *sm.* a talisman.
тамъ, *adv.* there.
таранта́съ, *sm.* a travelling carriage, tarantasse.
твой, *pron. poss.* they.
Тегера́нъ, *sm.* Teheran.
темнозелёный, *adj.* dark green.
темноси́ній, *adj.* dark blue.
тёмный, *adj.* dark.
темнѣ́ть, *vn.* to darken, grow dark.
тепе́рь, *adv.* now.
теплотво́рный, *adj.* making warm.
тёплый, *adj.* warm.
Те́рекъ, *sm.* the river Terek in the Caucasus.
терза́ть, *va.* to harass, tear to pieces, torment.
те́рминъ, *sm.* a term.
терпѣли́вый, *adj.* patient; -но, *adv.* patiently.
Те́сье, *sm.* Tesier, name of a person.

течéніе, *sn.* the course.
течь, *vn.* to flow, trickle.
типъ, *sm.* a type.
Тита, *sf.* Tita, name of a woman.
тихій, *adj.* still, quiet (dim. тихонькій); -о, *adv.* softly, quietly.
тише, *interj.* silence! hush!
тишина, *sf.* silence.
тлетворный, *adj.* pestilential, pernicious.
то, an intensive suffix, frequently added to words.
Тобо́лоскъ, *sm.* Tobolsk, a town in Siberia.
товáрищъ, *sm.* a partner, companion.
тогда́, *adv.* then, at that time.
то́же, *adv.* also.
толпа́, *sf.* a crowd.
толстоно́сый, *adj.* thick or fat-nosed.
то́лько, *adv.* only.
томи́ть, *va.* to weary, fatigue, agitate.
то́нкій, *adj.* thin, delicate (dim. то́ненькій).
тону́ть and то́пнуть, *vn.* to sink, drown.
топо́ръ, *sm.* an axe, a hatchet.
топта́ть, *va.* to tread, trample.
торжество́, *sn.* solemnity, fete, triumph.
тоска́, *sf.* grief, care.
тоскова́ть, *vn.* to grieve about.
тотъ (*f.* та, *n.* то), that, the; the one, the other.
то́чка, *sf.* a point.
то́чность, *sf.* punctuality, preciseness.
то́чный, *adj.* precise, exact; -по, *adv.* precisely, exactly.
точь въ точь, *adv.* exactly.
трава́, *sf.* (dim. тра́вка) grass.
тракти́ръ, *sm.* a tavern, an inn.
тракти́рщикъ, *sm.* a tavern-keeper.

Траханіотовъ, *sm.* Trakhaniotov, name of a man.
тре́бовать, *va.* to require.
трево́га, *sm.* an alarm; trumpet-call.
тре́петный, *adj.* trembling, fearful.
тре́петъ, *sm.* fear, trepidation.
трескъ, *sm.* noise, cracking.
тре́тій, *num. ord.* third.
треуго́льный, *adj.* three-cornered.
треща́ніе, *sn.* cracking, hoarse noise.
трещётка, *sf.* a rattle, hence a chatterbox.
тре́щина, *sf.* a crack, crevice.
три́дцать, *num. card.* thirty.
три́ста, *num. card.* three hundred.
тро́гать, тро́нуть, *va.* to touch, stir.
тро́е, *num.* a party of three.
тро́йка, *sf.* a carriage with three horses abreast.
тростни́къ, *sm.* a reed.
тру́бка, *sf.* a pipe.
тру́дный, *adj.* difficult.
трудъ, *sm.* labour.
трупъ, *sm.* a corpse.
труси́ть, *vn.* to be cowardly.
Тря́пичкинъ, *sm.* Triapichkin, a proper name.
тря́пка, *sf.* a rag, a dishclout.
туалéтъ, *sm.* toilette (French).
туда́, *adv.* thither.
тума́нный, *adj.* clouded, misty.
тума́нъ, *sm.* a fog, mist.
ту́ндра, *sf.* a marshy plain.
тупо́й, *adj.* dull, stupid.
тутъ, *adv.* there, at that place.
ту́ча, *sf.* a cloud, a host.
туши́ть, *va.* to put out.
тщесла́віе, *sn.* vanity, ostentation.
ты, *pron. pers.* thou.
ты́ква, *sf.* a pumpkin.
ты́сяча, *sf.* a thousand.
тѣло, *sn.* a body.

тѣнь, *sf.* shade.
тѣсный, *adj.* close, narrow; -но, *adv.* closely.
тѣшить, *va.* to give pleasure to, to divert.
тюрьма́, *sf.* prison.
тяжёлый, *adj.* heavy, burdensome.
тяну́ть, *va.* to draw, stretch; -ся, *vr.* to stretch themselves.

У.

у, *prep. gen.* at, near, beside, by.
убива́ть, уби́ть, *va.* to kill.
убо́рная, *adj.* (and used as *subs. fem.*) dressing-room.
убра́нство, *sn.* furniture, ornament.
убѣжда́ть, убѣди́ть, *va.* to persuade, convince.
убѣжде́ніе, *sn.* opinion, persuasion, conviction.
уваже́ніе, *sn.* respect.
уви́дѣть, увида́ть, *va.* to see.
увы́, *interj.* alas!
увѣдомля́ть, увѣ́домить, *va.* to inform, give notice.
увяда́ть, увя́нуть, *vn.* to wither, fade, droop.
у́гль and у́голь, *sm.* coal.
уго́дливость, *sf.* subservience, deference.
уго́дный, *adj.* agreeable, suitable.
у́голъ, *sm.* (dim. уголо́къ) a corner.
угора́здить, *vn.* to induce, tempt.
угрю́мый, *adj.* surly, morose; -мо, *adv.* morosely.
у́да, *sf.* a hook, fishing-rod.
удава́ться, уда́ться, *vr.* to succeed.
удало́й (уда́лый), *adj.* bold, courageous.
удаля́ть, удали́ть, *va.* to remove; -ся, *vr.* to remove oneself.

уда́ръ, *sm.* a blow.
ударя́ть, уда́рить, *va.* to strike.
удержива́ть, удержа́ть, *va.* to hold back, restrain; -ся, *vr.* to restrain oneself.
удиви́тельный, *adj.* astonishing; -но, *adv.* astonishingly.
удивля́ть, удиви́ть, *va.* to astonish, surprise.
уедине́нный, *adj.* solitary, retired.
ужа́сный, *adj.* terrible.
у́жасъ, *sm.* terror, horror, dread.
уже́ or ужъ, *adv.* already.
ужи́мка, *sf.* a grimace.
у́за, *also pl.* у́зы, *sf.* ties, bands.
узда́, узди́ца, *sf., also pl.* у́здцы, the bridle.
у́зелъ, *sm.* a knot, bundle.
узнава́ть, узна́ть, to recognise, learn, ascertain.
узо́рный, *adj.* figured, embroidered.
ука́зывать, указа́ть, *va.* to indicate, shew.
ука́чивать, укача́ть, *va.* to rock asleep.
уклончи́вый, *adj.* flexible, pliant, vague.
укрѣпле́ніе, *sn.* a fortification.
уку́сывать, укуси́ть, *va.* to bite.
Ула́нъ, *sm.* an Uhlan.
у́лица, *sf.* a street.
улыба́ться, улыбну́ться, *vr.* to smile.
улы́бка, *sf.* a smile.
умиля́ть, умили́ть, *va.* to affect, touch, move.
умира́ть, умере́ть, *vn.* to die.
у́мный, *adj.* wise, sensible.
умча́ть, *va.* to hurry or whirl away.
умъ, *sm.* mind.
умы́шленный, *adj.* designed, premeditated.
умѣ́ть, *va.* to know, understand.
Университе́тъ, *sm.* University.

унылый, *adj.* sad.
упадать, упасть, *vn.* to fall.
упоеніе, *sn.* drunkenness, delight, pleasure.
уполномочивать, -мочить, *va.* to invest with full powers, authorise.
употреблять, употребить, *va.* to use, make use of.
упрёкъ, *sm.* reproach.
упроченіе, *sn.* strengthening, securing.
ураганъ, *sm.* the hurricane.
Уралъ, *sm.* the Ural mountains.
урокъ, *sm.* a lesson.
усадба, *sf.* a country seat.
услуга, *sf.* service.
услышать, *va.* to hear.
успѣвать, успѣть, *vn.* to succeed.
уста, *sn. pl.* the lips.
устрашать, устрашить, *va.* to frighten, terrify.
устремлять, устремить, *va.* to direct, turn, fix.
устроивать, устроить, *va.* to arrange, set in order.
уступать, уступить, *va.* to give up, yield to.
уступъ, *sm.* a recess.
усѣвать, усѣять, *va.* to sow all over.
утварь, *sf.* furniture, ornaments.
утёсистый, *adj.* craggy, rocky.
утихать, утихнуть, *vn.* to grow still, abate.
утка, *sf.* a duck.
утрешный, *adj.* belonging to the morning.
утро, *sn.* the morning.
ухо (*sn. pl.* уши), the ear.
уходить, уйти, *vn.* to depart.
уцѣлѣть, *vn.* to preserve oneself, to escape.
участіе, *sn.* part, participation, sympathy.
учебникъ, *sm.* an elementary book, a book for instruction.

училище, *sn.* a school.
учить, *va.* to instruct; -ся, *vr.* to learn, study.
ущёліе, *sn.* defile, narrow passage.

Ф.

фамилія, *sf.* family.
фанатическій, *adj.* fanatical.
фарфоръ, *sm.* porcelain, china.
фасадъ, *sm.* a façade, front.
физіогномія, *sf.* physiognomy.
Филипповичъ, *sm.* patronymic, son of Philip.
фитиль, *sm.* a match.
флегматическій, *adj.* phlegmatic.
Фогтъ, *sm.* Vogt, proper name.
фонарь, *sm.* (*dim.* фонарикъ) a lantern.
фонтанъ, *sm.* a fountain.
форма, *sf.* form.
фраза, *sf.* a phrase.
фракъ, *sm.* a dress-coat (Fr. *frac*).
Французскій, *adj.* French.
Французъ, *sm.* a Frenchman.
фруктовой, *adj.* belonging to fruit.
фруктъ, *sm.* fruit.

X.

халатъ, *sm.* a morning gown.
характеръ, *sm.* character.
Хариты, *sf. pl.* the Graces (Gr. Χάριτες).
хвалить, *va.* to praise, commend; -ся, *vr.* to boast.
хвойный, *adj.* coniferous.
химера, *sf.* a chimera.
хитрость, *sf.* craft, artifice.
хитрый, *adj.* crafty, artful.
хладный, *poet.* for холодный, q.v.
Хлоя, *sf.* Chloe, name of a woman.
хлопотать, *vn.* to take pains, have a care.

хлопчатый, *adj.* flaky; хлопчатая бумага, cotton.
хлѣбъ-соль, *sf.* bread and salt, hospitality.
ходить, *vn.* to go, walk.
ходъ, *sm.* movement, course.
хозяйка, *sf.* hostess, mistress.
хозяинъ, *sm.* master.
холодный (*poet.* хладный), *adj.* cold, cool.
холодъ, *sm.* the cold.
холстинный, *adj.* made of linen.
холщевый and холщовый, *adj.* made of linen.
хорошій, *adj.* good, pretty.
хотѣть, *va.* to wish.
хотя and хоть, *conj.* although, though; -бы, even though.
хохотать, *vn.* to burst into loud laughter.
храмъ, *sm.* church, temple.
хранить, *va.* to preserve, keep; -ся, *vr.* to be kept.
Христіанинъ, *sm.* a Christian.
Христіанство, *sn.* Christendom, Christianity.
худо, *adv.* badly.
худой, *adj.* bad; *comp.* хуже.
худощавый, *adj.* lean.

Ц.

Царица, *sf.* the Tsaritza, wife of the Tsar.
Царственный, *adj.* belonging to a Tsar or Emperor.
царствовать, *vn.* to reign.
Царь, *sm.* Tsar.
цвѣтить, *va.* to ornament.
цвѣтной, *adj.* flowered, embroidered.
цвѣтъ, *sm.* flower (dim. цвѣточекъ and цвѣтокъ).
церковный, *adj.* belonging to the church.
церковь, *sf.* a church.

цѣлый, *adj.* whole, entire.
цѣль, *sf.* mark, aim.
цѣнить, *va.* to value, prize.

Ч.

чадо, *sn.* a child.
чай, *sm.* tea (dim. чаёкъ).
чай, *adv.* certainly, undoubtedly.
чайка, *sf.* the gull.
чара, *sf.* a glass, cup (dim. чарка).
часовой, *adj.* (used as substantive) a sentry.
чисто, *adv.* frequently.
частоколъ, *sm.* the paling, palisade.
часть, *sf.* a part, portion.
часъ, *sm.* (*gen.* часа) an hour; часы, *pl.* clock.
чахлый, *adj.* dried up, withered.
чахотка, *sf.* consumption.
чашка, *sf.* a cup.
чванливость, boastfulness.
чело, *sn.* the forehead.
человѣкъ, *sm.* a man.
человѣческій, *adj.* human.
человѣчество, *sn.* mankind, human nature.
чепецъ, *sm.* a cap.
червъ, *sm.* a worm (dim. червякъ).
черезъ (чрезъ), *prep. accu.* through, across, during.
черёмуха, *sf.* a kind of cherry.
чернила, *sn. pl.* ink.
чернобровый, *adj.* black-browed.
черноокій, *adj.* black-eyed.
чёрный, *adj.* black.
черта, *sf.* feature, line, stroke.
честь, *sf.* honour.
четвертакъ, *sm.* a quarter of a rouble (dim. четвертачёкъ).
чинаръ, *sm.* a plane-tree.
чиновникъ, *sm.* a functionary, a member of the Chin.
чинъ, *sm.* rank, the Chin.

VOCABULARY.

чи́слить, *ra.* to number, count; -ся, *rr.* to be counted.
число́, *sn.* number.
чи́стить, *ra.* to clean, cleanse.
чистосерде́чіе, *sn.* candour, open-heartedness.
чита́тель, *sm.* reader.
чита́ть, *ra.* to read.
Чи́чиковъ, *sm.* proper name, Chichikov.
чортъ, *sm.* the devil (also чёртъ); *adj.* чо́ртовъ.
что, *pron.* what, that, which.
что, *conj.* why (used colloquially), that.
чтобы and чтобъ, *conj.* that, in order that.
что нибу́дь, *pron.* something; что то, something. *luk thaw*
чубъ, *sm.* a roll of the Koran.
чу́вство, *sn.* feeling, sentiment.
чу́вствовать, *ra.* to feel, experience.
чуда́къ, *sm.* an odd fellow, a wag.
чу́до, *sn.* wonder, miracle.
чу́ждый, *adj.* strange.
чужо́й, *adj.* strange, foreign.
чуло́къ, *sm.* a stocking.
чуть, *adv.* hardly; also чуть-чуть.

Ш.

шала́ть, *sm.* a hut, cabin.
шалу́нъ, *sm.* a mischievous person, a wag.
шаль, *sf.* a shawl.
шальва́ръ, *sm.* Persian clothes.
ша́пка, *sf.* a cap.
шатёръ, *sm.* a tent.
Шатъ-гора́, *sm.* Shat Elbruz, a mountain in the Caucasus.
шёлковый, *adj.* made of silk.
шепта́ть, шепну́ть, *rn.* to whisper.
шестикры́лый, *adj.* with six wings.
шестьдеся́тъ, *num. card.* sixty.

ше́я, *sf.* the neck.
ши́рмы, *sf. pl.* a screen.
широ́кій, *adj.* wide, broad.
шить, *ra.* to sew.
шкафъ, *sm.* a cupboard.
шко́ла, *sf.* a school.
шко́льникъ, *sm.* scholar, schoolboy.
шля́па, *sf.* a hat.
шныря́ть, шырну́ть, *rn.* to intrude everywhere.
шпицъ, *sm.* Spitz, name of a castle in Switzerland.
шту́ка, *sf.* a piece; a trick, a prank.
штукату́ра and штукату́рка, *sf.* plaster, stucco.
штурмова́ть, *ra.* to storm.
шу́ба, *sf.* a pelisse, a fur-cloak.
шу́мный, *adj.* noisy, loud.
шумъ, *sm.* noise.
шути́ть, *rn.* to jest.
шу́тка, *sf.* a joke, jest.
шутъ, *sm.* a jester, buffoon.

Щ.

ща́стье (more often written сча́стіе), *sn.* happiness.
щека́, *sf.* a cheek.
щелкопёръ, *sm.* a braggart.
щель, *sf.* a chink.
щу́ка, *sf.* a pike.

Ѣ.

ѣсть, *ra.* to eat.
ѣхать and ѣздить, *rn.* to drive, ride, travel.

Э.

эстафе́та, *sf.* an express (Fr. *estafette*).
эта́жъ, *sm.* stage (Fr. *étage*).
этако́й, *adj.* such, suchlike.

этотъ (*f.* эта, *n.* это), *pron. dem.* this.
эхва, *interj.* ah!
эхъ, *interj.* ah!

Ю.

югъ, *sm.* the south.
южный, *adj.* southern.
юность, *sf.* youth.
юноша, *sm.* young man.
юношескій, *adj.* youthful, juvenile.
юродивый, *sm.* a madman, a fanatic.
юфть, *sf.* Russia-leather.

Я.

я, *pron. pers.* I.
яблоко, *sn.* an apple.
яблонь, *sf.* an apple-tree.
явленіе, *sn.* appearance, also act of a play.

являть, явить, *va.* to shew; -ся, *vr.* to appear.
явý, in the adverbial expression, на явý, in effect, really.
ядовитый, *adj.* poisonous, venemous.
ядъ, *sm.* poison.
языкъ, *sm.* tongue, language.
яйцé and лицó, *sn.* (dim. яичко) an egg.
Январь, *sm.* January.
яркій, *adj.* clear, bright.
ясность, *sf.* clearness.
ясный, *adj.* bright, serene, evident, distinct.
яства, *sf.* food.
ястребъ, *sm.* a hawk.
яхонтовый, *adj.* like amethyst.

Ѳ.

Ѳёдоръ, *sm.* proper name, Theodore.

THE END.

SELECT LIST OF STANDARD WORKS

PRINTED AT

The Clarendon Press, Oxford.

DICTIONARIES	. Page 1.
ENGLISH AND ROMAN LAW	. . ,, 2.
HISTORY, BIOGRAPHY, ETC.	. . ,, 3.
PHILOSOPHY, LOGIC, ETC. .	. . ,, 6.
PHYSICAL SCIENCE . . .	. . ,, 7.

1. DICTIONARIES.

A New English Dictionary on Historical Principles, founded mainly on the materials collected by the Philological Society. Imperial 4to. In Parts, price 12s. 6d. each.

 Vol. I (A and B), half morocco, 2l. 12s. 6d.
 Part IV, Section 2, C—CASS, beginning Vol. II, price 5s.
 Part V, CASS—COL. *In the Press.*
  Edited by James A. H. Murray, LL.D.
 Vol. III (E, F, and G), Part I, edited by Henry Bradley. *In the Press.*

An Etymological Dictionary of the English Language, arranged on an Historical Basis. By W. W. Skeat, Litt. D. *Second Edition.* 4to. 2l. 4s.

An Anglo-Saxon Dictionary, based on the MS. collections of the late Joseph Bosworth, D.D. Edited and enlarged by Prof. T. N. Toller, M.A., Owens College, Manchester. Parts I-III. A-SAR. 4to. stiff covers. 15s. each. Part IV (completing the Work) *in the Press.*

An Icelandic-English Dictionary, based on the MS. collections of the late Richard Cleasby. Enlarged and completed by G. Vigfússon, M.A. With an Introduction, and Life of Richard Cleasby, by G. Webbe Dasent, D.C.L. 4to. 3l. 7s.

A Greek-English Lexicon, by H. G. Liddell, D.D., and Robert Scott, D.D. *Seventh Edition, Revised and Augmented throughout.* 4to. 1l. 16s.

An Intermediate Greek-English Lexicon, abridged from the above. Small 4to. 12s. 6d.

Oxford: Clarendon Press. London: HENRY FROWDE, Amen Corner, E.C.

A Latin Dictionary, founded on Andrews' edition of Freund's Latin Dictionary, revised, enlarged, and in great part rewritten by Charlton T. Lewis, Ph.D., and Charles Short, LL.D. 4to. 1*l*. 5*s*.

A School Latin Dictionary. By Charlton T. Lewis, Ph.D. Small 4to. 18*s*.

A Sanskrit-English Dictionary. Etymologically and Philologically arranged, with special reference to Greek, Latin, German, Anglo-Saxon, English, and other cognate Indo-European Languages. By Sir M. Monier-Williams, D.C.L. 4to. 4*l*. 14*s*. 6*d*.

Thesaurus Syriacus: collegerunt Quatremère, Bernstein, Lorsbach, Arnoldi, Agrell, Field, Roediger: edidit R. Payne Smith, S.T.P. Vol. I, containing Fasc. I–V, sm. fol. 5*l*. 5*s*.
Fasc. VI. 1*l*. 1*s*.   Fasc. VII. 1*l*. 11*s*. 6*d*.

2. ENGLISH AND ROMAN LAW.

Anson. *Principles of the English Law of Contract, and of Agency in its Relation to Contract.* By Sir W. R. Anson, D.C.L. *Fifth Edition.* 8vo. 10*s*. 6*d*.

——— *Law and Custom of the Constitution.* Part I. Parliament. 8vo. 10*s*. 6*d*.

Bentham. *An Introduction to the Principles of Morals and Legislation.* By Jeremy Bentham. Crown 8vo. 6*s*. 6*d*.

Digby. *An Introduction to the History of the Law of Real Property.* By Kenelm E. Digby, M.A. *Third Edition.* 8vo. 10*s*. 6*d*.

Gaii *Institutionum Juris Civilis Commentarii Quattuor;* or, Elements of Roman Law by Gaius. With a Translation and Commentary by Edward Poste, M.A. *Second Edition.* 8vo. 18*s*.

Gentilis, Alberici, I.C.D., I.C., *De Iure Belli Libri Tres.* Edidit T. E. Holland, I.C.D. Small 4to. half morocco, 21*s*.

Hall. *International Law.* By W. E. Hall, M.A. *Second Edition.* 8vo. 21*s*.

Holland. *Elements of Jurisprudence.* By T. E. Holland, D.C.L. *Fourth Edition.* 8vo. 10*s*. 6*d*.

——— *The European Concert in the Eastern Question;* a Collection of Treaties and other Public Acts. Edited, with Introductions and Notes, by T. E. Holland, D.C.L. 8vo. 12*s*. 6*d*.

Justinian. *Imperatoris Iustiniani Institutionum Libri Quattuor;* with Introductions, Commentary, Excursus and Translation. By J. B. Moyle, B.C.L., M.A. 2 vols. 8vo. 21*s*.

Justinian. *The Institutes of Justinian*, edited as a recension of the Institutes of Gaius, by T. E. Holland, D.C.L. *Second Edition.* Extra fcap. 8vo. 5s.

—— *Select Titles from the Digest of Justinian.* By T. E. Holland, D.C.L., and C. L. Shadwell, B.C.L. 8vo. 14s.

Also sold in Parts, in paper covers, as follows:—

Part I. Introductory Titles. 2s. 6d.
Part II. Family Law. 1s.
Part III. Property Law. 2s. 6d.
Part IV. Law of Obligations (No. 1). 3s. 6d.
Part IV. Law of Obligations (No. 2). 4s. 6d.

—— *Lex Aquilia.* The Roman Law of Damage to Property: being a Commentary on the Title of the Digest 'Ad Legem Aquiliam' (ix. 2). With an Introduction to the Study of the Corpus Iuris Civilis. By Erwin Grueber, Dr. Jur., M.A. 8vo. 10s. 6d.

Markby. *Elements of Law* considered with reference to Principles of General Jurisprudence. By Sir William Markby, D.C.L. *Third Edition.* 8vo. 12s. 6d.

Pollock and Wright. *An Essay on Possession in the Common Law.* By Sir F. Pollock, M.A., and R. S. Wright, B.C.L. 8vo. 8s. 6d.

Raleigh. *The English Law of Property.* By Thos. Raleigh, M.A. *In the Press.*

Stokes. *The Anglo-Indian Codes.* By Whitley Stokes, LL.D.
Vol. I. Substantive Law. 8vo. 30s.
Vol. II. Adjective Law. 8vo. 35s.

Twiss. *The Law of Nations* considered as Independent Political Communities. By Sir Travers Twiss, D.C.L.
Part I. On the Rights and Duties of Nations in time of Peace. New Edition. 8vo. 15s.
Part II. On the Rights and Duties of Nations in time of War. Second Edition. 8vo. 21s.

3. HISTORY, BIOGRAPHY, ETC.

Bluntschli. *The Theory of the State.* By J. K. Bluntschli. Translated from the Sixth German Edition. 8vo. half bound, 12s. 6d.

Boswell's *Life of Samuel Johnson, LL.D.;* including Boswell's Journal of a Tour to the Hebrides, and Johnson's Diary of a Journey into North Wales. Edited by G. Birkbeck Hill, D.C.L. In six volumes, medium 8vo. With Portraits and Facsimiles. Half bound, 3l. 3s.

Burnet's *History of His Own Time*, with the Suppressed Passages and Notes. 6 vols. 8vo. 2l. 10s.

—— *History of James II*, with Additional Notes. 8vo. 9s. 6d.

Calendar *of the Clarendon State Papers*, preserved in the Bodleian Library. In three volumes. 1869-76.
Vol. I. From 1523 to January 1649. 8vo. 18s.
Vol. II. From 1649 to 1654. 16s.
Vol. III. From 1655 to 1657. 14s.

London: HENRY FROWDE, Amen Corner, E.C.

HISTORY, BIOGRAPHY, ETC.

Calendar *of Charters and Rolls* preserved in the Bodleian Library. 8vo. 1*l.* 11*s.* 6*d.*

Carte's *Life of James Duke of Ormond.* 6 vols. 8vo. 1*l.* 5*s.*

Clarendon's *History of the Rebellion and Civil Wars in England.* Re-edited from a fresh collation of the original MS. in the Bodleian Library, with marginal dates and occasional notes, by W. Dunn Macray, M.A., F.S.A. 6 vols. Crown 8vo. 2*l.* 5*s.*

——— *History of the Rebellion and Civil Wars in England.* To which are subjoined the Notes of Bishop Warburton. 7 vols. medium 8vo. 2*l.* 10*s.*

——— *History of the Rebellion and Civil Wars in England.* Also his Life, written by himself, in which is included a Continuation of his History of the Grand Rebellion. Royal 8vo. 1*l.* 2*s.*

——— *Life, including a Continuation of his History.* 2 vols. medium 8vo. 1*l.* 2*s.*

Clinton's *Fasti Hellenici.* The Civil and Literary Chronology of Greece, from the LVIth to the CXXIIIrd Olympiad. *Third Edition.* 4to. 1*l.* 14*s.* 6*d.*

——— *Fasti Hellenici.* The Civil and Literary Chronology of Greece, from the CXXIVth Olympiad to the Death of Augustus. *Second Edition.* 4to. 1*l.* 12*s.*

——— *Epitome of the Fasti Hellenici.* 8vo. 6*s.* 6*d.*

——— *Fasti Romani.* The Civil and Literary Chronology of Rome and Constantinople, from the Death of Augustus to the Death of Heraclius. 2 vols. 4to. 2*l.* 2*s.*

Clinton's *Epitome of the Fasti Romani.* 8vo. 7*s.*

Earle. *Handbook to the Land-Charters, and other Saxonic Documents.* By John Earle, M.A., Professor of Anglo-Saxon in the University of Oxford. Crown 8vo. 16*s.*

Finlay. *A History of Greece from its Conquest by the Romans to the present time,* B.C. 146 to A.D. 1864. By George Finlay, LL.D. A new Edition, revised throughout, and in part re-written, with considerable additions, by the Author, and edited by H. F. Tozer, M.A. 7 vols. 8vo. 3*l.* 10*s.*

Fortescue. *The Governance of England:* otherwise called The Difference between an Absolute and a Limited Monarchy. By Sir John Fortescue, Kt. A Revised Text. Edited, with Introduction, Notes, etc., by Charles Plummer, M.A. 8vo. half bound, 12*s.* 6*d.*

Freeman. *History of the Norman Conquest of England; its Causes and Results.* By E. A. Freeman, D.C.L. In Six Volumes. 8vo. 5*l.* 9*s.* 6*d.*

——— *The Reign of William Rufus and the Accession of Henry the First.* 2 vols. 8vo. 1*l.* 16*s.*

——— *A Short History of the Norman Conquest of England.* Second Edition. Extra fcap. 8vo. 2*s.* 6*d.*

Gascoigne's *Theological Dictionary* ('*Liber Veritatum*'): Selected Passages, illustrating the Condition of Church and State, 1403–1458. With an Introduction by James E. Thorold Rogers, M.A. Small 4to. 10*s.* 6*d.*

HISTORY, BIOGRAPHY, ETC.

George. *Genealogical Tables illustrative of Modern History.* By H. B. George, M.A. *Third Edition.* Small 4to. 12s.

Gross. *The Gild Merchant:* a Contribution to English Municipal History. By Charles Gross, Ph.D. 2 vols. 8vo. *Nearly ready.*

Hodgkin. *Italy and her Invaders.* With Plates and Maps. By T. Hodgkin, D.C.L. Vols. I-IV, A.D. 376-553. 8vo. 3l. 8s.

—— *The Dynasty of Theodosius;* or, Seventy Years' Struggle with the Barbarians. By the same Author. Crown 8vo. 6s.

Hume. *Letters of David Hume to William Strahan.* Edited with Notes, Index, etc., by G. Birkbeck Hill, D.C.L. 8vo. 12s. 6d.

Kitchin. *A History of France.* With Numerous Maps, Plans, and Tables. By G. W. Kitchin, D.D. In three Volumes. *Second Edition.* Crown 8vo. each 10s. 6d.

    Vol. I. to 1453. Vol. II. 1453-1624. Vol. III. 1624-1793.

Lucas. *Introduction to a Historical Geography of the British Colonies.* By C. P. Lucas, B.A. With Eight Maps. Crown 8vo. 4s. 6d.

—— *Historical Geography of the Colonies.* Vol. I. By the same Author. With Eleven Maps. Crown 8vo. 5s.

Luttrell's *(Narcissus) Diary,* A Brief Historical Relation of State Affairs, 1678-1714. 6 vols. 8vo. 1l. 4s.

Magna Carta, *a careful Reprint.* Edited by W. Stubbs, D.D., Bishop of Oxford. 4to. stiched, 1s.

Metcalfe. *Passio et Miracula Beati Olaui.* Edited from a Twelfth-Century MS. by F. Metcalfe, M.A. Small 4to. 6s.

Oxford. *Manuscript Materials relating to the History of Oxford; contained in the Printed Catalogues of the Bodleian and College Libraries.* By F. Madan, M.A. 8vo. 7s. 6d.

Ranke. *A History of England, principally in the Seventeenth Century.* By L. von Ranke. Translated under the superintendence of G. W. Kitchin, D.D., and C. W. Boase, M.A. 6 vols. 8vo. 3l. 3s.

Rawlinson. *A Manual of Ancient History.* By George Rawlinson, M.A. *Second Edition.* Demy 8vo. 14s.

Ricardo. *Letters of David Ricardo to T. R. Malthus* (1810-1823). Edited by James Bonar, M.A. 8vo. 10s. 6d.

Rogers. *History of Agriculture and Prices in England,* A.D. 1259-1793. By James E. Thorold Rogers, M.A.

    Vols. I and II (1259-1400). 8vo. 2l. 2s.

    Vols. III and IV (1401-1582). 8vo. 2l. 10s.

    Vols. V and VI. (1583-1702). 8vo. 2l. 10s.

—— *First Nine Years of the Bank of England.* 8vo. 8s. 6d.

—— *Protests of the Lords,* including those which have been expunged, from 1624 to 1874; with Historical Introductions. In three volumes. 8vo. 2l. 2s.

Smith's *Wealth of Nations.* A New Edition, with Notes, by J. E. Thorold Rogers, M.A. 2 vols. 8vo. 21s.

Sprigg's *England's Recovery;* being the History of the Army under Sir Thomas Fairfax. 8vo. 6s.

Stubbs. *Select Charters and other Illustrations of English Constitutional History, from the Earliest Times to the Reign of Edward I.* Arranged and edited by W. Stubbs, D.D., Lord Bishop of Oxford. Fifth Edition. Crown 8vo. 8s. 6d.

—— *The Constitutional History of England, in its Origin and Development.* Library Edition. 3 vols. Demy 8vo. 2l. 8s.

Also in 3 vols. crown 8vo. price 12s. each.

—— *Seventeen Lectures on the Study of Medieval and Modern History, delivered at Oxford* 1867–1884. Crown 8vo. 8s. 6d.

Stubbs. *Registrum Sacrum Anglicanum.* An attempt to exhibit the course of Episcopal Succession in England. By W. Stubbs, D.D. Small 4to. 8s. 6d.

Wellesley. *A Selection from the Despatches, Treaties, and other Papers of the Marquess Wellesley, K.G.,* during his Government of India. Edited by S. J. Owen, M.A. 8vo. 1l. 4s.

Wellington. *A Selection from the Despatches, Treaties, and other Papers relating to India of Field-Marshal the Duke of Wellington, K.G.* Edited by S. J. Owen, M.A. 8vo. 1l. 4s.

Whitelock's *Memorials of English Affairs from* 1625 *to* 1660. 4 vols. 8vo. 1l. 10s.

4. PHILOSOPHY, LOGIC, ETC.

Bacon. *Novum Organum.* Edited, with Introduction, Notes, &c., by T. Fowler, D.D. 8vo. 14s.

—— *Novum Organum.* Edited, with English Notes, by G. W. Kitchin, D.D. 8vo. 9s. 6d.

—— *Novum Organum.* Translated by G. W. Kitchin, D.D. 8vo. 9s. 6d.

Berkeley. *The Works of George Berkeley, D.D., formerly Bishop of Cloyne; including many of his writings hitherto unpublished.* With Prefaces, Annotations, and an Account of his Life and Philosophy, by Alexander Campbell Fraser, LL.D. 4 vols. 8vo. 2l. 18s.

The Life, Letters, &c., separately, 16s.

Bosanquet. *Logic; or, the Morphology of Knowledge.* By B. Bosanquet, M.A. 8vo. 21s.

Butler's *Works, with Index to the Analogy.* 2 vols. 8vo. 11s.

Fowler. *The Elements of Deductive Logic, designed mainly for the use of Junior Students in the Universities.* By T. Fowler, D.D. Ninth Edition, with a Collection of Examples. Extra fcap. 8vo. 3s. 6d.

—— *The Elements of Inductive Logic, designed mainly for the use of Students in the Universities.* By the same Author. Fourth Edition. Extra fcap. 8vo. 6s.

—— *The Principles of Morals* (Introductory Chapters). By T. Fowler, D.D., and J. M. Wilson, B.D. 8vo. boards, 3s. 6d.

Fowler. *The Principles of Morals.* Part II. By T. Fowler, D.D. 8vo. 10s. 6d.

Green. *Prolegomena to Ethics.* By T. H. Green, M.A. Edited by A. C. Bradley, M.A. 8vo. 12s. 6d.

Hegel. *The Logic of Hegel;* translated from the Encyclopaedia of the Philosophical Sciences. With Prolegomena by William Wallace, M.A. 8vo. 14s.

Hume's *Treatise of Human Nature.* Reprinted from the Original Edition in Three Volumes, and edited, with Analytical Index, by L. A. Selby-Bigge, M.A. Crown 8vo. 9s.

Locke's *Conduct of the Understanding.* Edited by T. Fowler, D.D. Second Edition. Extra fcap. 8vo. 2s.

Lotze's *Logic,* in Three Books; of Thought, of Investigation, and of Knowledge. English Translation; Edited by B. Bosanquet, M.A. Second Edition. 2 vols. Crown 8vo. 12s.

—— *Metaphysic,* in Three Books; Ontology, Cosmology, and Psychology. English Translation; Edited by B. Bosanquet, M.A. Second Edition. 2 vols. Crown 8vo. 12s.

Martineau. *Types of Ethical Theory.* By James Martineau, D.D. Third Edition. 2 vols. Crown 8vo. 15s.

—— *A Study of Religion:* its Sources and Contents. Second Edition. 2 vols. Crown 8vo. *Immediately.*

5. PHYSICAL SCIENCE.

De Bary. *Comparative Anatomy of the Vegetative Organs of the Phanerogams and Ferns.* By Dr. A. De Bary. Translated and Annotated by F. O. Bower, M.A., F.L.S., and D. H. Scott, M.A., Ph.D., F.L.S. Royal 8vo., half morocco, 1l. 2s. 6d.

—— *Comparative Morphology and Biology of Fungi, Mycetozoa and Bacteria.* By Dr. A. De Bary. Translated by H. E. F. Garnsey, M.A. Revised by Isaac Bayley Balfour, M.A., M.D., F.R.S. Royal 8vo., half morocco, 1l. 2s. 6d.

—— *Lectures on Bacteria.* By Dr. A. De Bary. Second Improved Edition. Translated by H. E. F. Garnsey, M.A. Revised by Isaac Bayley Balfour, M.A., M.D., F.R.S. Crown 8vo. 6s.

Goebel. *Outlines of Classification and Special Morphology of Plants.* A new Edition of Sachs' Text-Book of Botany, Book II. By Dr. K. Goebel. Translated by H. E. F. Garnsey, M.A. Revised by Isaac Bayley Balfour, M.A., M.D., F.R.S. Royal 8vo., half morocco, 1l. 1s.

Sachs. *Lectures on the Physiology of Plants.* By Julius von Sachs. Translated by H. Marshall Ward, M.A., F.L.S. Royal 8vo., half morocco, 1l. 11s. 6d.

—— *A History of Botany.* Translated by H. E. F. Garnsey, M.A. Edited by I. Bayley Balfour, M.A., M.D., F.R.S. Crown 8vo. *In the Press.*

Solms-Laubach. *Introduction to Fossil Botany.* By Count H. von Solms-Laubach. Authorised English Translation, by H. E. F. Garnsey, M.A. Edited by Isaac Bayley Balfour, M.A., M.D., F.R.S. *In the Press.*

Annals of Botany. Edited by Isaac Bayley Balfour, M.A., M.D., F.R.S., Sydney H. Vines, D.Sc., F.R.S., and W. G. Farlow, M.D.
 Vol. I. Parts I-IV. Royal 8vo., half morocco, gilt top, 1*l.* 16*s.*

Biological Series. (*Translations of Foreign Biological Memoirs.*)
 I. *The Pysiology of Nerve, of Muscle, and of the Electrical Organ.* Edited by J. Burdon-Sanderson, M.D., F.R.SS. L. & E. Medium 8vo. 1*l.* 1*s.*
 II. *The Anatomy of the Frog.* By Dr. Alexander Ecker, Professor in the University of Freiburg. Translated, with numerous Annotations and Additions, by G. Haslam, M.D., Scientific Assistant in the Medical Department in the University of Zürich. Demy 8vo. *Nearly ready.*
 III. *Contributions to the History of the Physiology of the Nervous System.* By Professor Conrad Eckhard. Translated by Miss Edith Prance. *In Preparation.*
 IV. *Essays upon Heredity and Kindred Biological Problems.* By Dr. August Weismann, Translated and Edited by E. B. Poulton, M.A., Selmar Schönland, Ph.D., and Arthur E. Shipley, M.A. Medium 8vo. 16*s.*

Prestwich. *Geology, Chemical, Physical, and Stratigraphical.* By Joseph Prestwich, M.A., F.R.S. In two Volumes.
 Vol. I. Chemical and Physical. Royal 8vo. 1*l.* 5*s.*
 Vol. II. Stratigraphical and Physical. With a new Geological Map of Europe. Royal 8vo. 1*l.* 16*s.*
 New Geological Map of Europe. In case or on roller. 5*s.*

Rolleston and Jackson. *Forms of Animal Life.* A Manual of Comparative Anatomy, with descriptions of selected types. By George Rolleston, M.D., F.R.S. *Second Edition.* Revised and Enlarged by W. Hatchett Jackson, M.A. Medium 8vo. 1*l.* 16*s.*

Oxford
AT THE CLARENDON PRESS
LONDON: HENRY FROWDE
OXFORD UNIVERSITY PRESS WAREHOUSE, AMEN CORNER, E.C.

www.ingramcontent.com/pod-product-compliance
Lightning Source LLC
Chambersburg PA
CBHW020243170426
43202CB00008B/203